海军重点建设教材

工程制图习题集

第3版

主编　丛文静　赵　敏　姜明坤

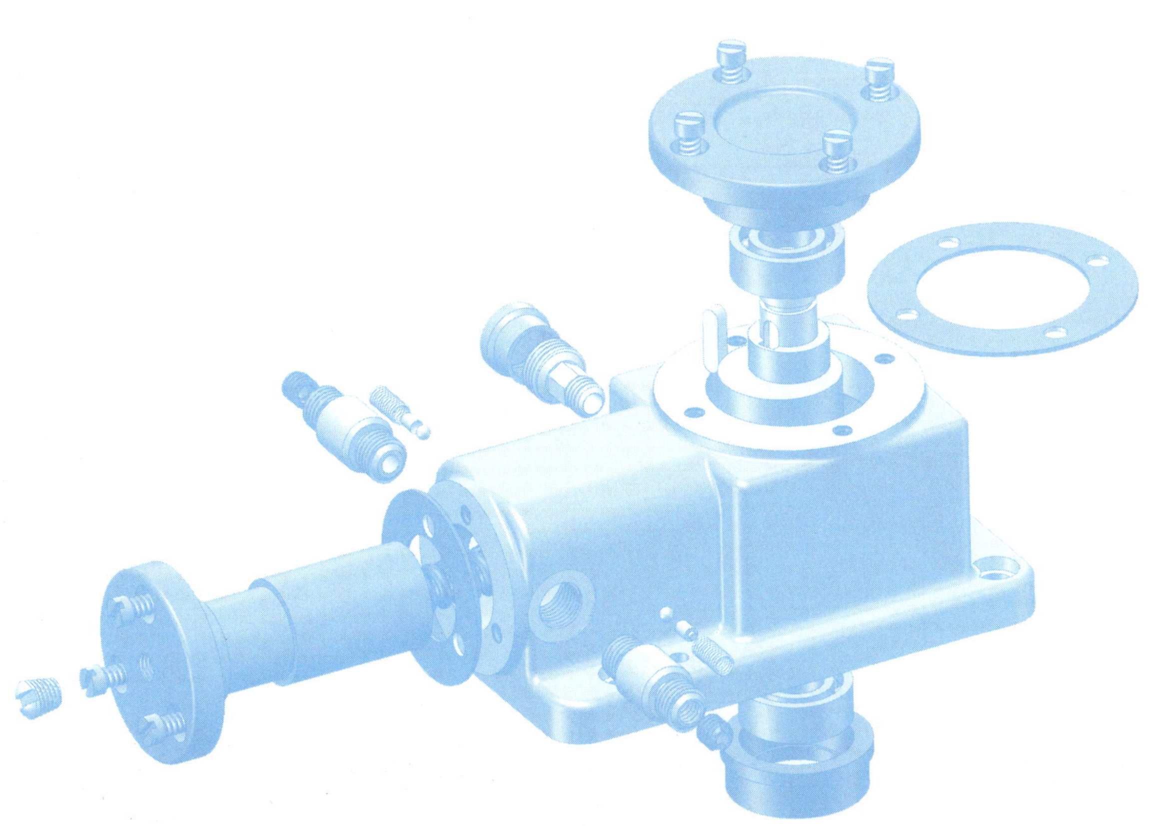

中国教育出版传媒集团
高等教育出版社·北京

内容简介

本习题集是在朱玺宝等主编的《工程制图习题集》(第2版)的基础上,依据教育部高等学校工程图学课程教学指导分委员会2019年制订的《高等学校工程图学课程教学基本要求》及近年来新发布的有关制图国家标准修订而成的,与丛文静、赵敏、张立新主编的《工程制图》(第3版)配套使用。

本习题集的内容编排顺序与配套教材基本一致,主要包括制图基本知识和基本技能,投影法和点、直线、平面的投影,基本立体,轴测投影图,组合体,机件常用的表达方法,常用标准件和齿轮,零件图,装配图等。

本习题集按照新形态教材模式进行修订,在部分题目旁边附有二维码,通过手机扫码即可观看题目的立体模型。

本习题集可作为高等学校工科各专业制图课程的教材,也可供相关专业的技术人员参考。

图书在版编目(CIP)数据

工程制图习题集/丛文静,赵敏,姜明坤主编.
3版. --北京:高等教育出版社,2025.4. --ISBN
978-7-04-064076-2

Ⅰ. TB23-44

中国国家版本馆CIP数据核字第2025H68P45号

Gongcheng Zhitu Xitiji

策划编辑 肖银玲　责任编辑 肖银玲　封面设计 马天驰　版式设计 董思含 于 婕
责任绘图 黄云燕　责任校对 胡美萍　责任印制 耿 轩

出版发行	高等教育出版社	网　址	http://www.hep.edu.cn
社　址	北京市西城区德外大街4号		http://www.hep.com.cn
邮政编码	100120	网上订购	http://www.hepmall.com.cn
印　刷	山东韵杰文化科技有限公司		http://www.hepmall.com
开　本	787mm×1092mm 1/8		http://www.hepmall.cn
印　张	14.5	版　次	2006年5月第1版
字　数	380千字		2025年4月第3版
购书热线	010-58581118	印　次	2025年4月第1次印刷
咨询电话	400-810-0598	定　价	32.00元

物 料 号 64076-00

第3版前言

本习题集是在朱玺宝等主编的《工程制图习题集》（第2版）的基础上，依据教育部高等学校工程图学课程教学指导分委员会2019年制订的《高等学校工程图学课程教学基本要求》及近年来新发布的有关制图国家标准修订而成的。

本习题集与丛文静、赵敏、张立新主编的《工程制图》（第3版）教材配套使用，其内容编排顺序与配套教材基本一致，除了“计算机绘图”与“军事工程与军事装备图识读”没有单独设置习题之外（计算机绘图部分习题可在相应章节中选取），其他各章节习题设置与配套教材统一。本习题集在选题上，力求精练、有典型性；在内容编排上，力求符合由易到难、由浅入深、循序渐进的认识规律。

本习题集可作为高等学校工科各专业制图类课程的教材。由于各专业的要求不同，因此本习题集的题量略有余量，具体使用时可根据本专业的特点和各校的教学实际情况加以选择。

本习题集由海军机械制图联合教学团队编写，由海军航空大学丛文静、赵敏、姜明坤担任主编，由海军航空大学张立新、海军大连舰艇学院张潇文、海军航空大学唐伟峰担任副主编。参加本习题集编写的还有海军工程大学余良武、施冠羽，海军潜艇学院李伟刚、李飞、侯慕馨，海军士官学校司丽丽、么莉莉、卢亚萍等。

北京理工大学董国耀教授认真审阅了本习题集，并提出了很多宝贵意见，在此表示衷心的感谢。

由于编者水平有限，习题集中难免存在错误及不足之处，恳请读者批评指正。

编　者

2024年10月

目　　录

1.1 字体练习（一）。

工程制图比例件数材料班级专业

国家标准零件图装配图齿轮油泵

设计审核测绘轴套支架箱体螺纹

1.2 字体练习（二）。

1 2 3 4 5 6 7 8 9 0 1 2 3 4

A B C D E F G H I J K L M

a b c d e f g h i j k l m

1.3 线型练习（一）（在空白处练习画线）。

1.5 尺寸改错（在右图上作正确标注）。

1.4 线型练习（二）（在空白处练习画线）。

1.6 在平面图形上用1∶1的比例度量后标注尺寸（取整数）。

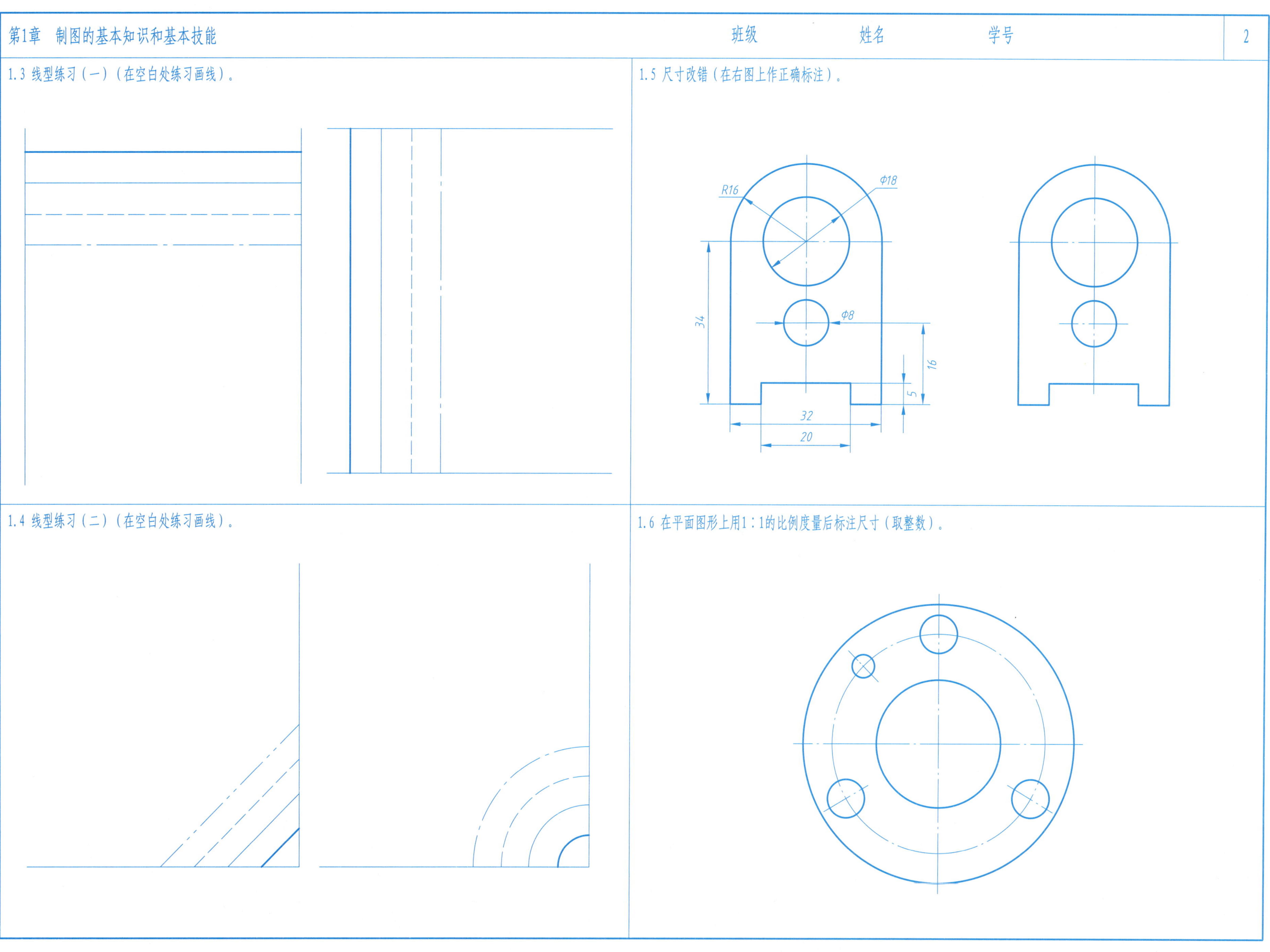

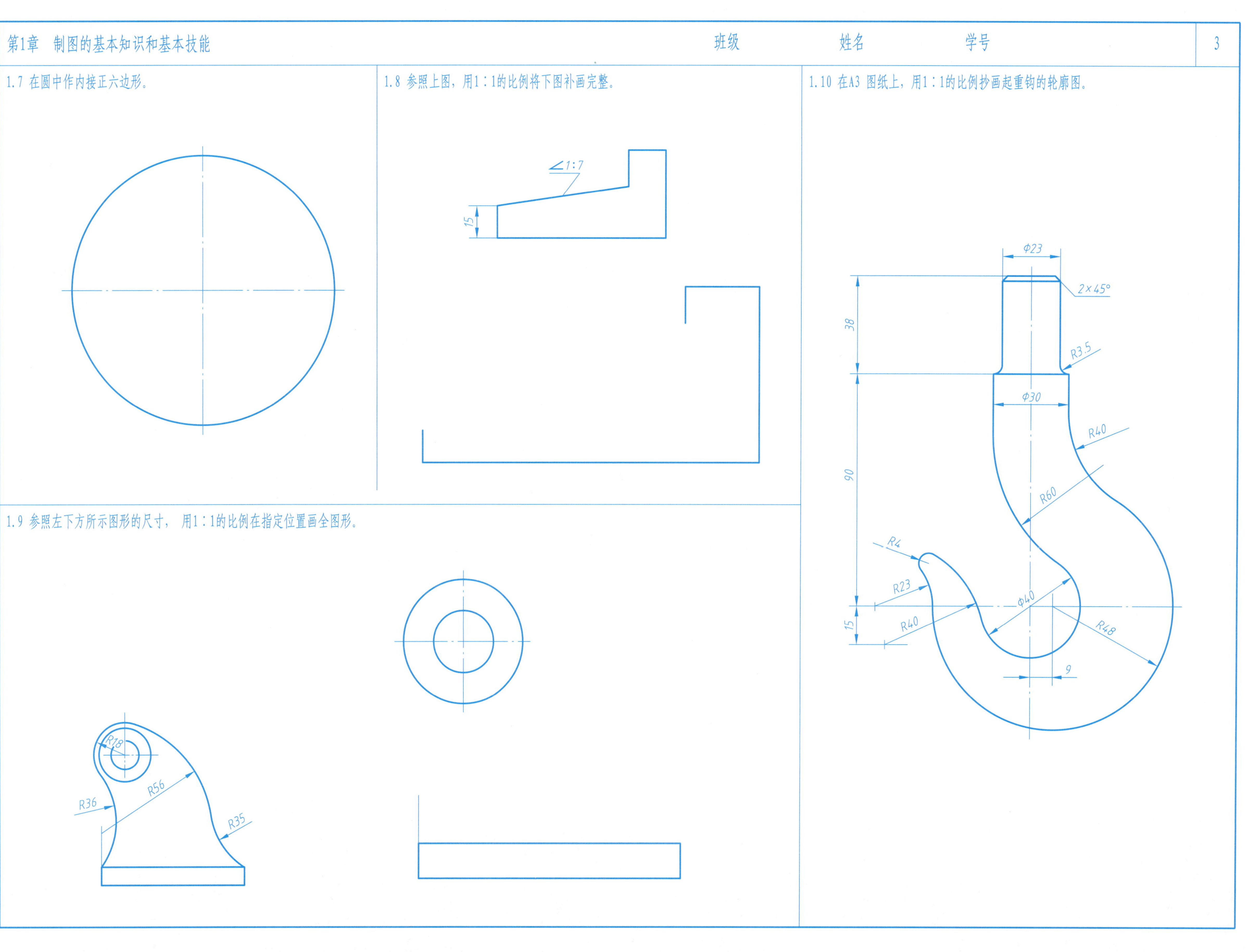
1.7 在圆中作内接正六边形。
1.8 参照上图，用1∶1的比例将下图补画完整。
∠1:7
15
1.9 参照左下方所示图形的尺寸，用1∶1的比例在指定位置画全图形。
R18
R56
R36
R35
1.10 在A3图纸上，用1∶1的比例抄画起重钩的轮廓图。
Φ23
2×45°
38
R3.5
Φ30
R40
90
R60
R4
R23
Φ40
R40
15
R48
9

2.1 由立体图画出点A、B、C的三面投影，并量出各点的坐标值填入下表。

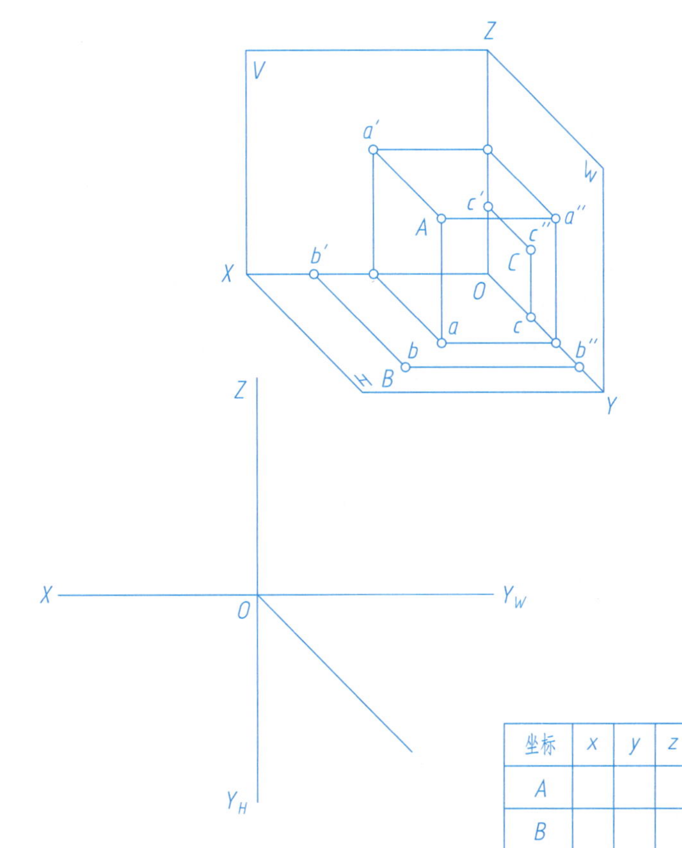

坐标	x	y	z
A			
B			
C			

2.2 求点A、B、C的第三面投影。

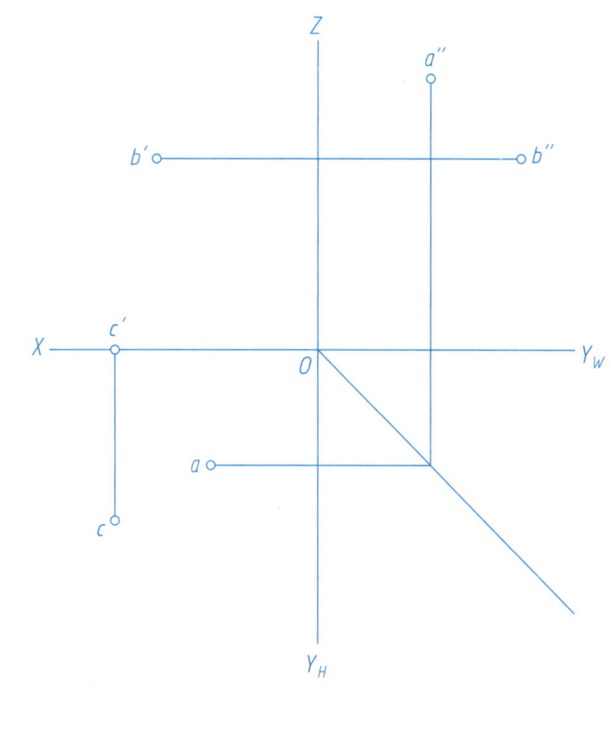

2.3 已知$y_K=z_K-17$ mm，点M在点K左15 mm、后5 mm、上8 mm处，求m′、m和k。

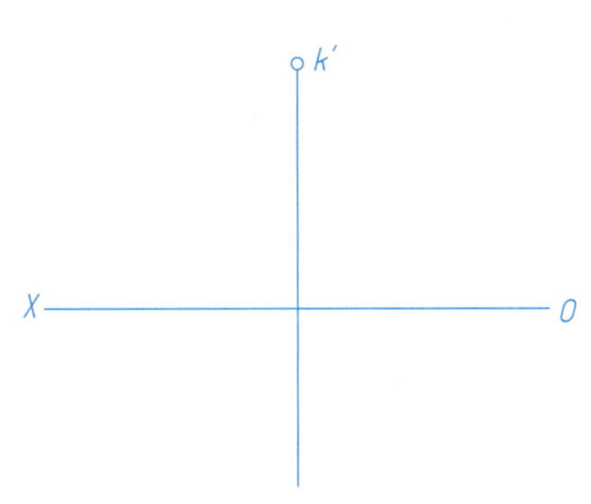

2.4 比较两点A、B的相对位置。

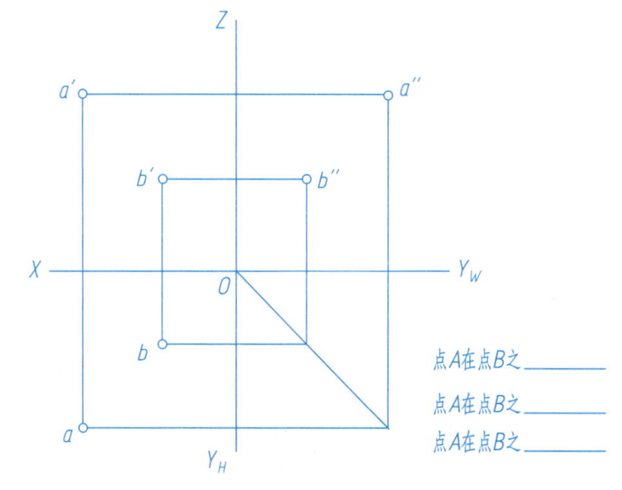

点A在点B之______

点A在点B之______

点A在点B之______

2.5 画出下列直线的第三面投影，并根据直线的空间位置，写出直线的类型。

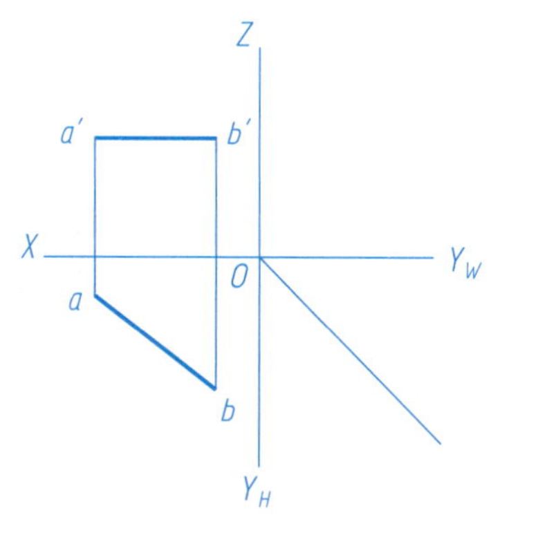

______

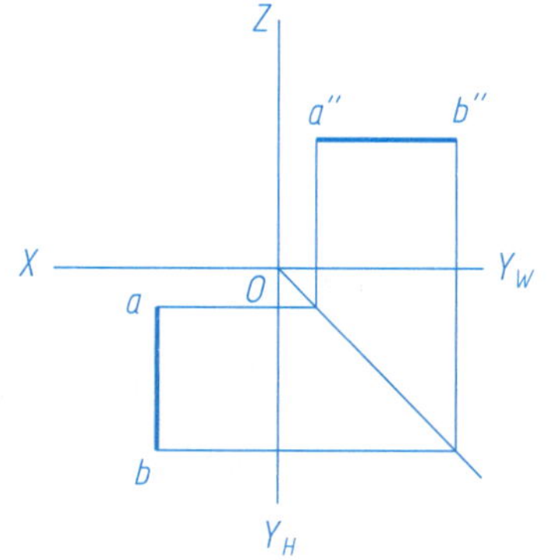

______

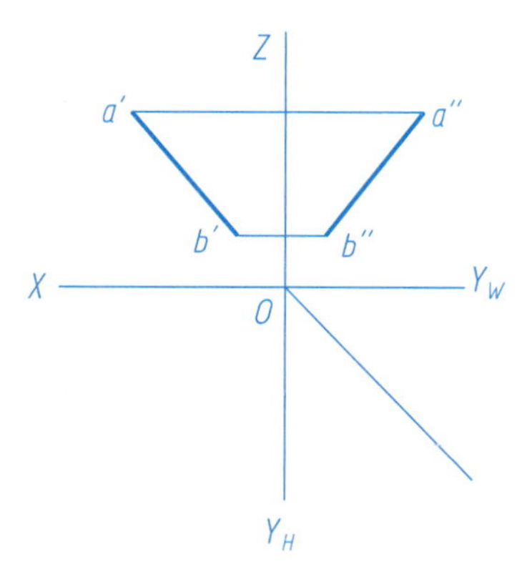

______

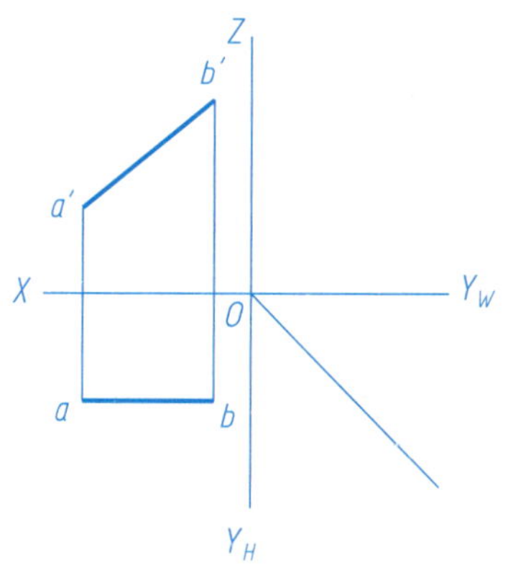

______

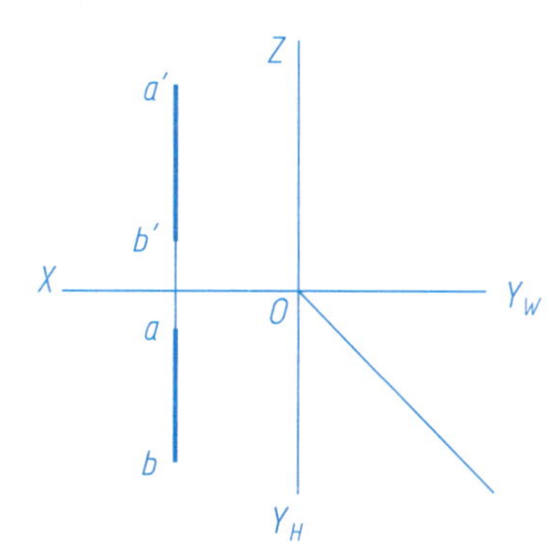

______

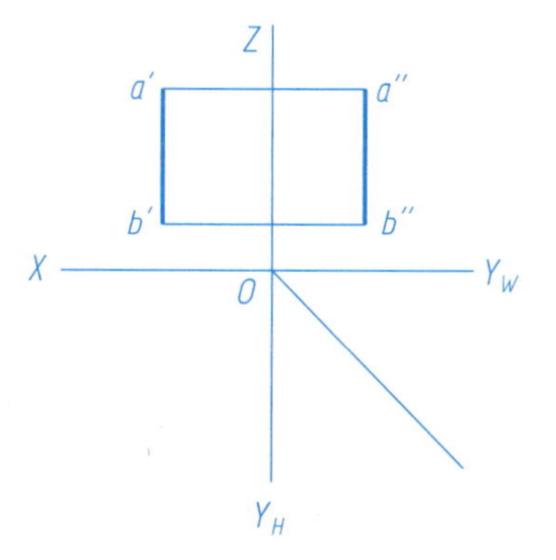

______

2.6 作正平线AB，其长度为30 mm、α=30°，点B在点A的左下方。

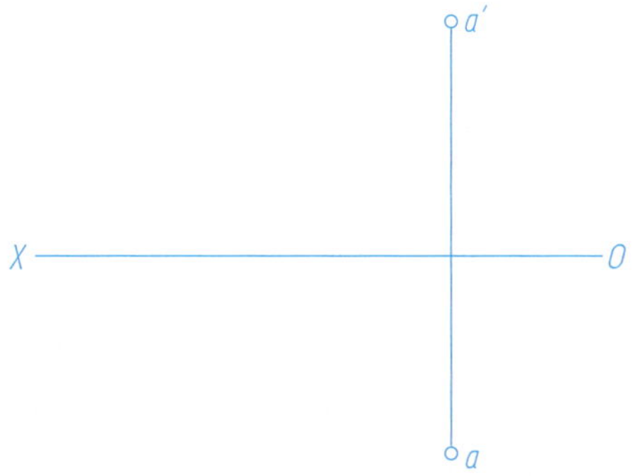

X O a' a

2.7 作侧垂线EF，其长度为17 mm，点E在点F的左方。

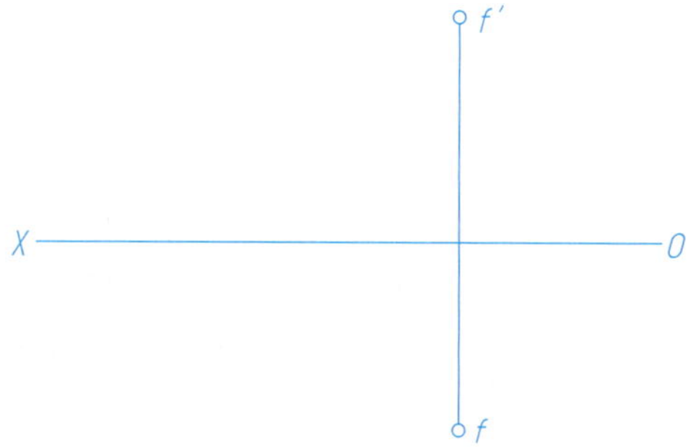

X O f' f

2.8 直线AB上有一点K距H面12 mm，求点K的两面投影。

X O a' b' a b

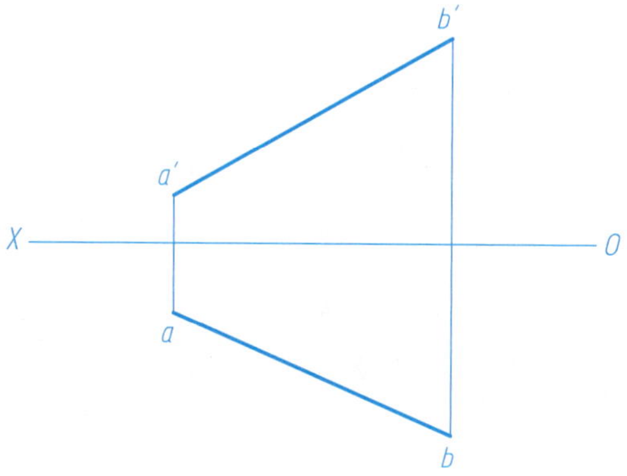

2.9 作水平线CD，其长度为15 mm、β=60°，点D在点C的左后方。

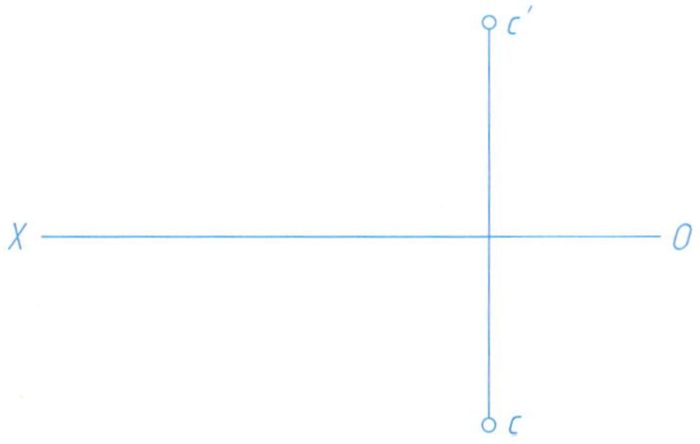

X O c' c

2.10 作正垂线GH，其长度为15 mm，点G在点H的前方。

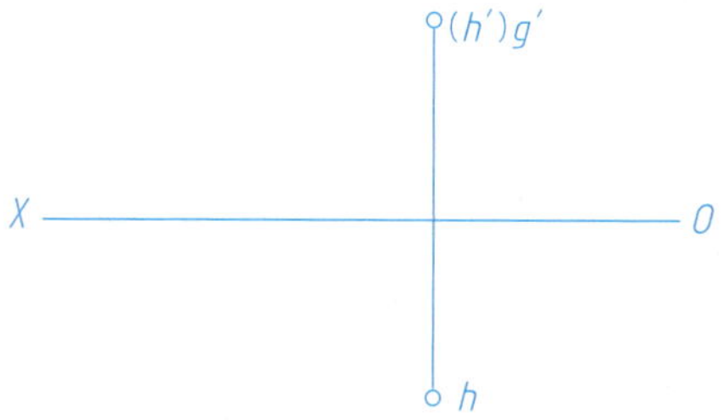

X O $(h')g'$ h

2.11 求直线上点E的水平投影。

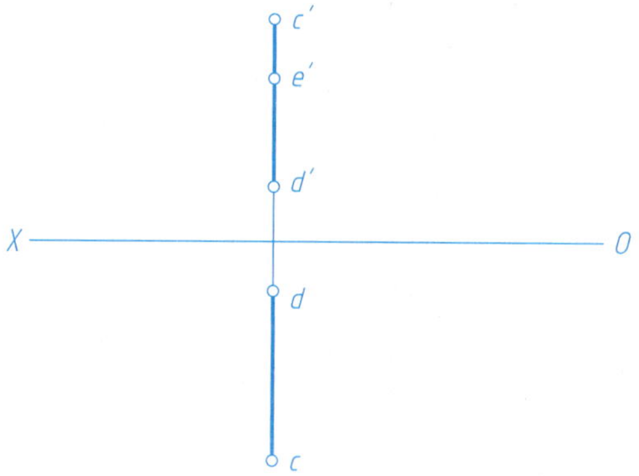

X O c' e' d' d c

2.12 直线AB为正平线，求AB的水平投影。

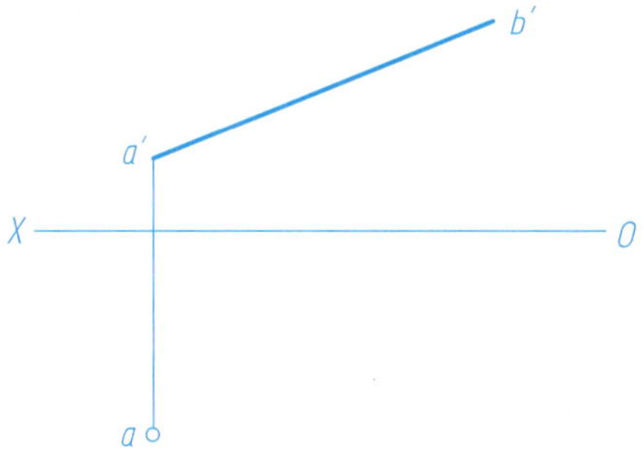

X O a' b' a

2.13 直线AB上有一点K距V面20 mm，求点K的两面投影。

X O a' b' a b

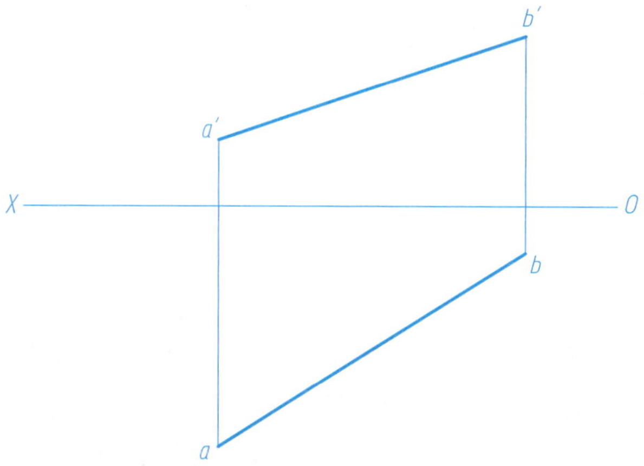

2.14 直线上有一点K与V面、H面等距离，求点K的两面投影。

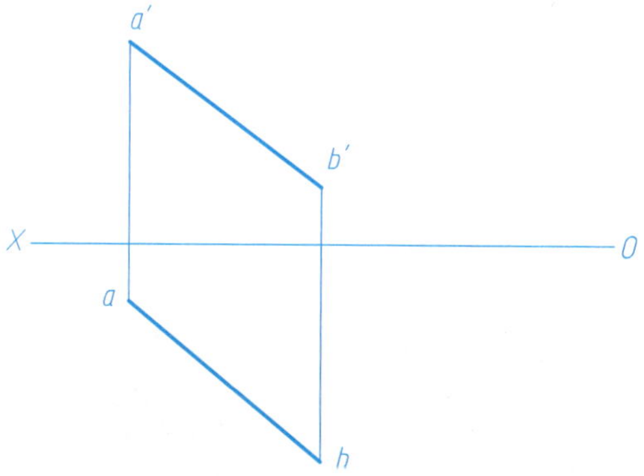

X O a' b' a h

2.15 判断两直线的相对位置。

(1)

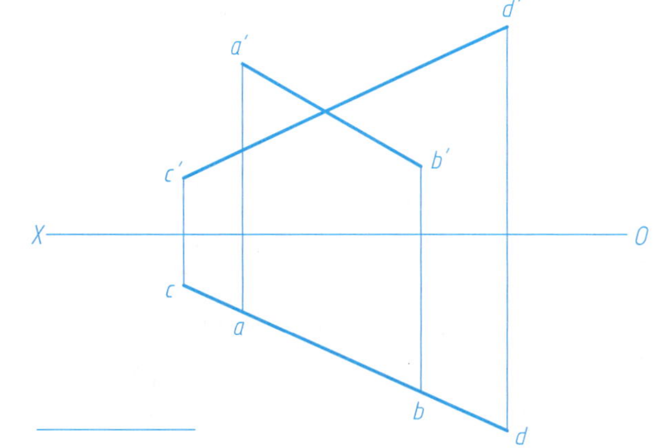

(2)

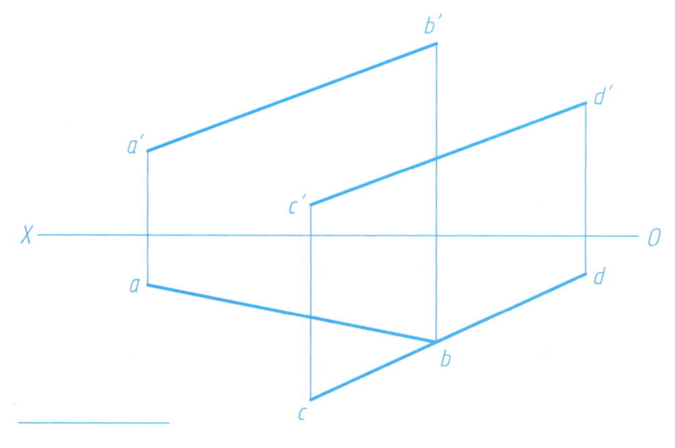

(3)

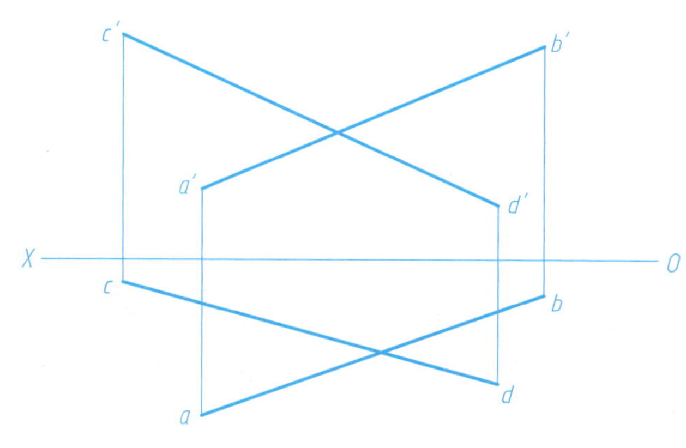

(4)

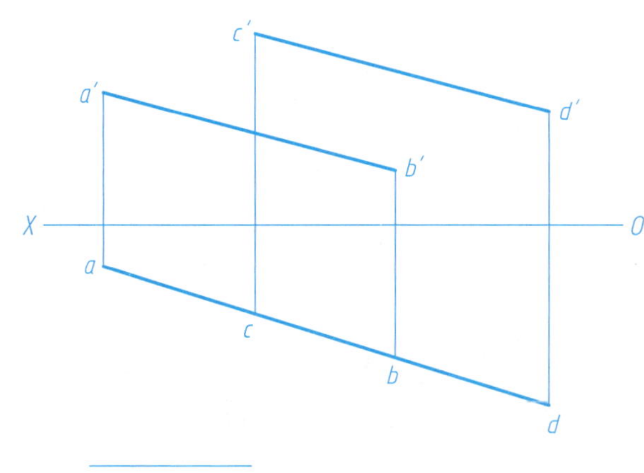

(5)

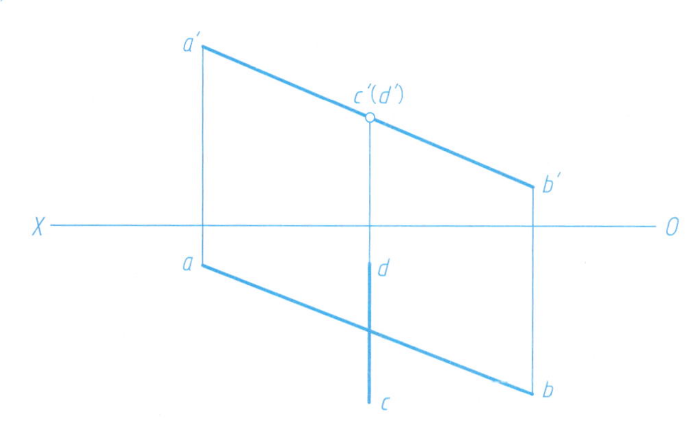

(6)

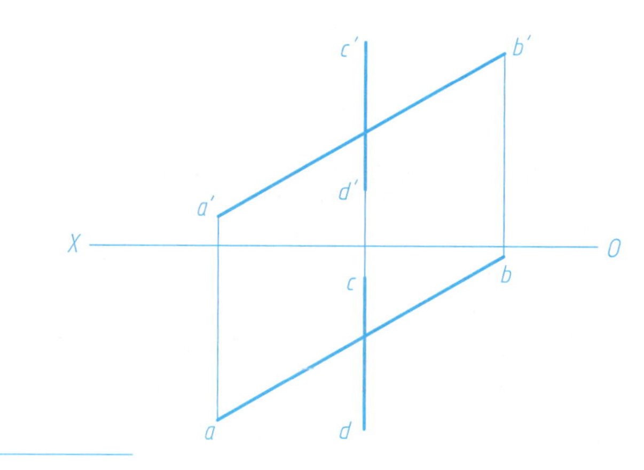

2.16 分别在图a、b、c中，由点A作直线AB与CD相交，交点B距离H面20 mm。

(a)

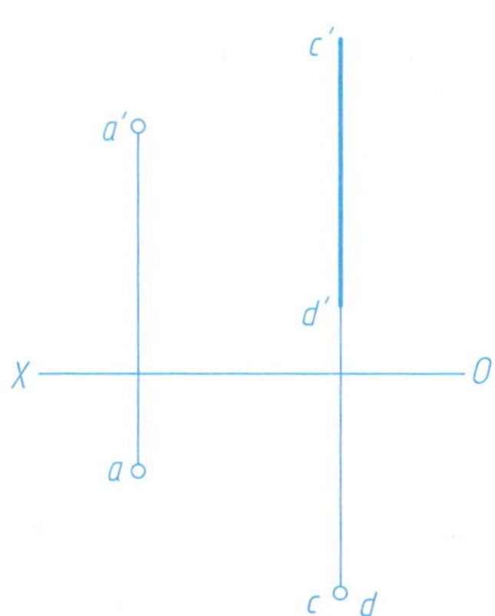

(b)

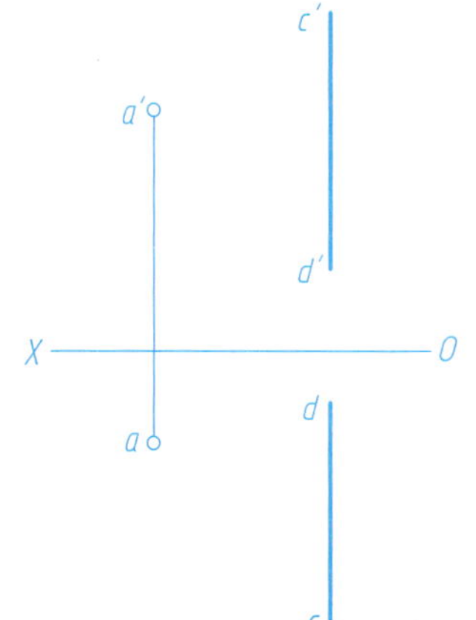

(c)

2.17 作线段AB的两面投影。

(1) AB与PQ平行，且与PQ同向、等长。

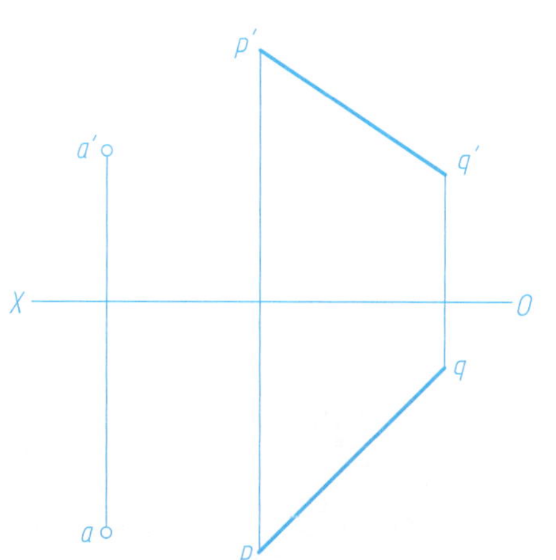

(2) AB与PQ平行，且分别与EF、GH交于点A、B。

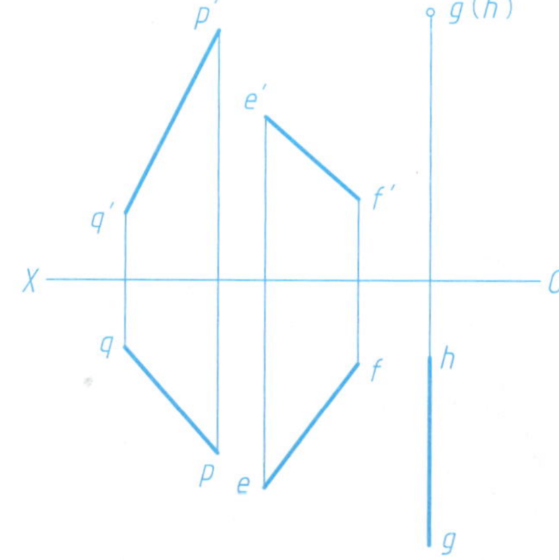

2.18 完成平面及平面上点的三面投影。

(1)

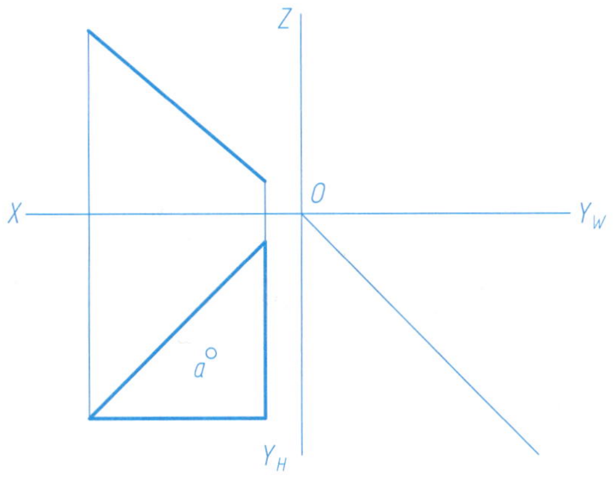

(2)

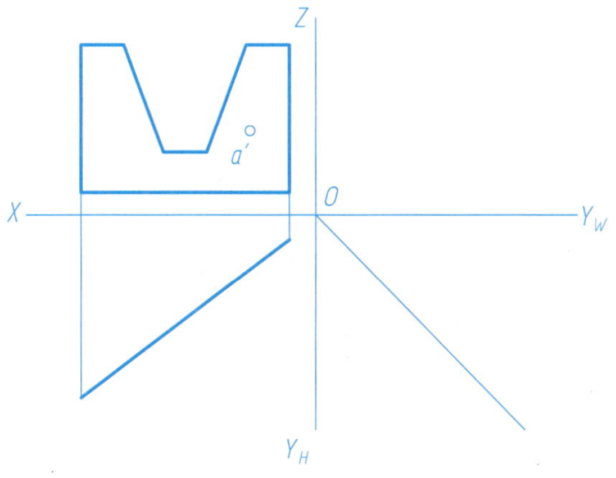

(3)

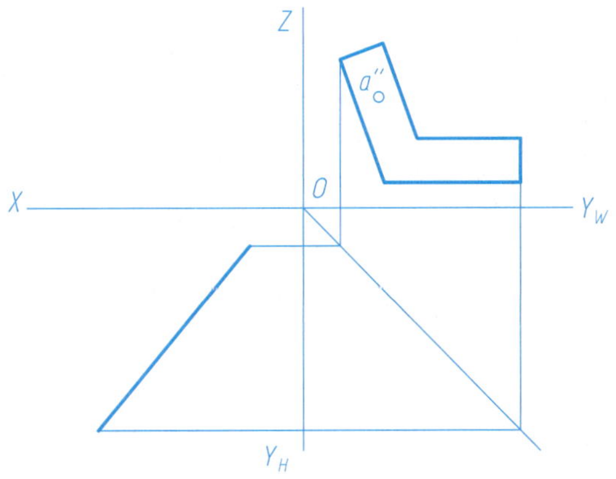

(4)

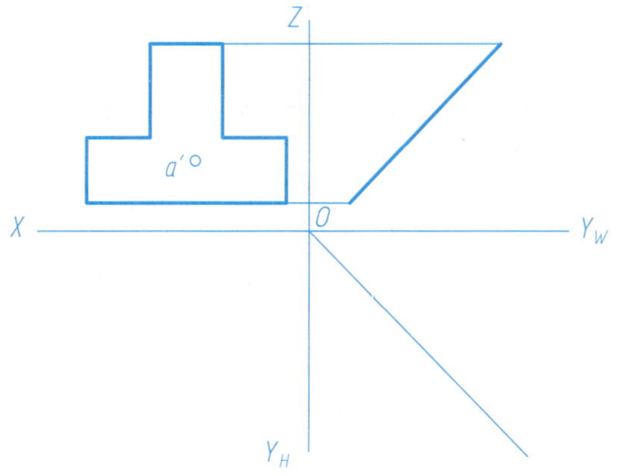

2.19 完成平面ABCDE的水平投影。

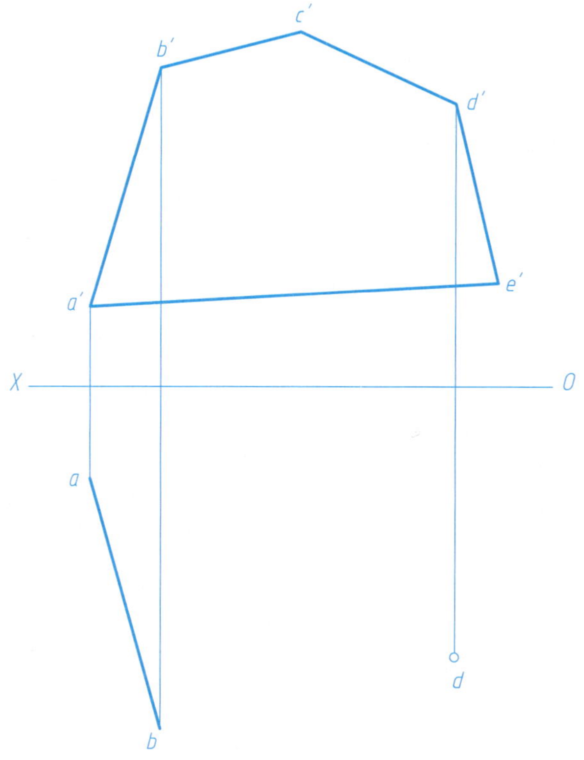

2.20 在平面ABC上作距V面14 mm的正平线。

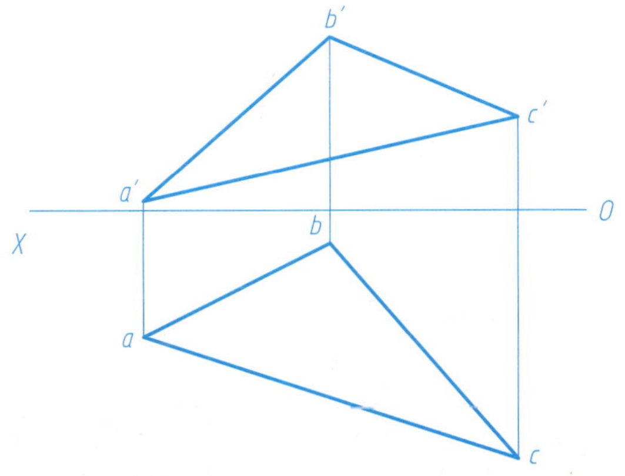

2.21 在平面ABC上作距W面20 mm的侧平线。

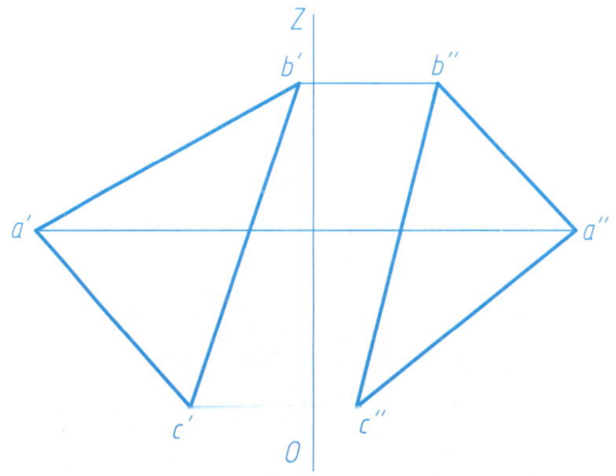

2.22 已知平面ABC上线段EF的一面投影，求其另一面投影。

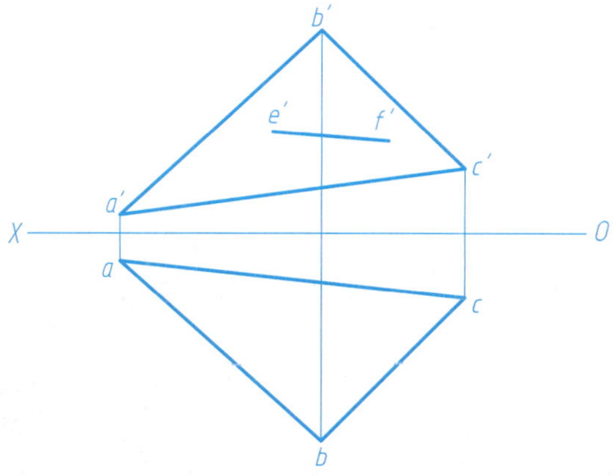

2.23 过点A作水平线AB，且平行于平面DEF。

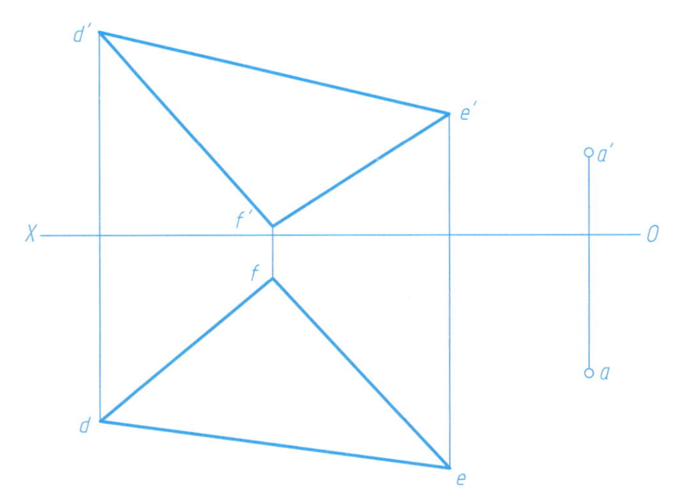

2.24 判断直线AB与平面是否平行。

(1)

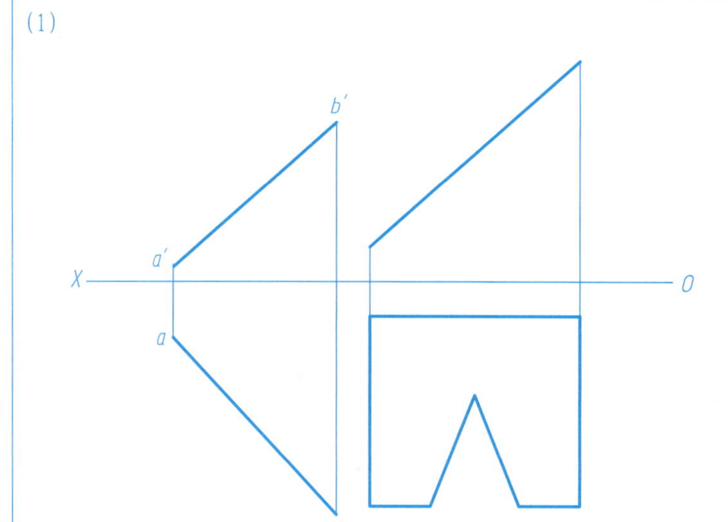

(2)

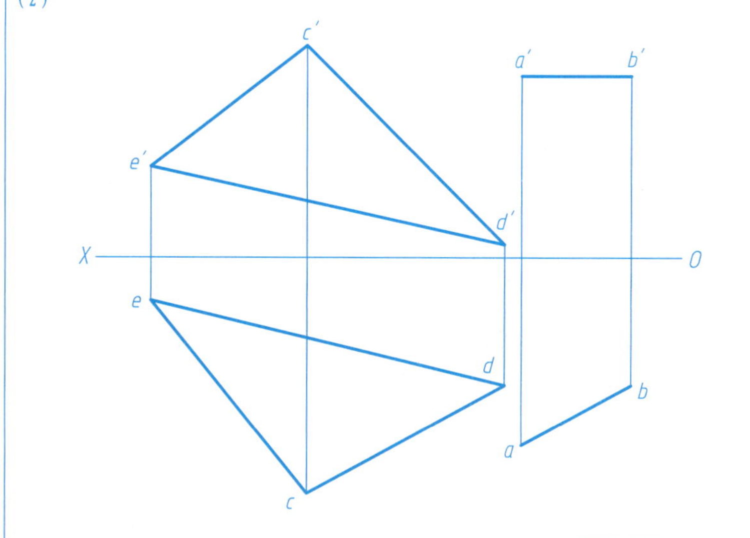

2.25 求直线与平面的交点，并判明可见性。

(1)

(2)

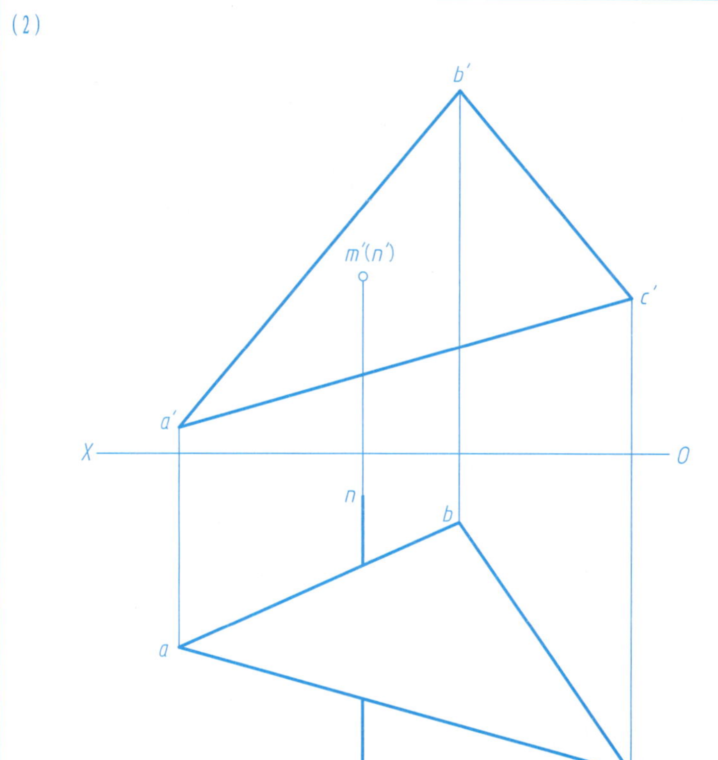

(3)

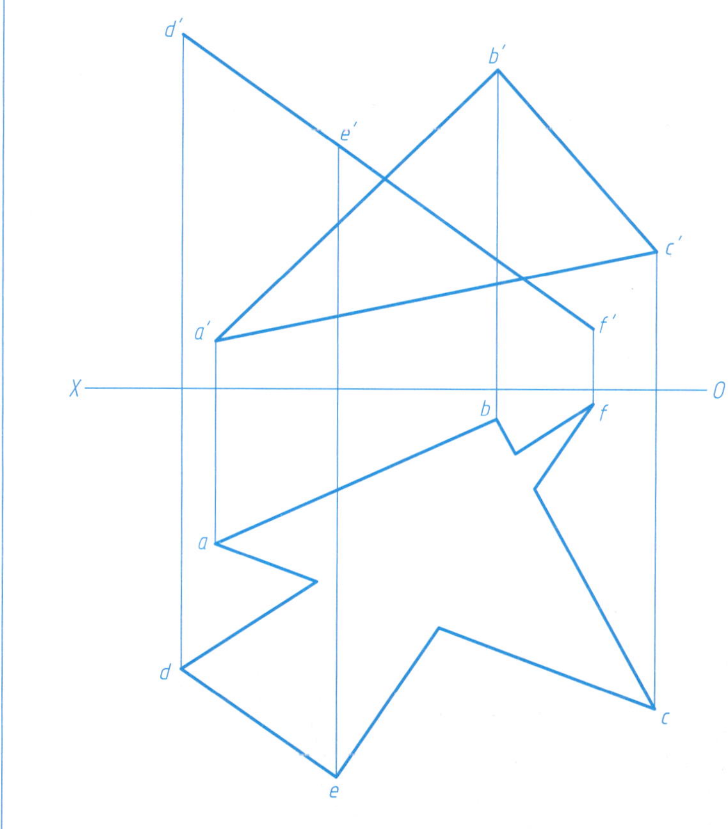

2.26 求两已知平面的交线。

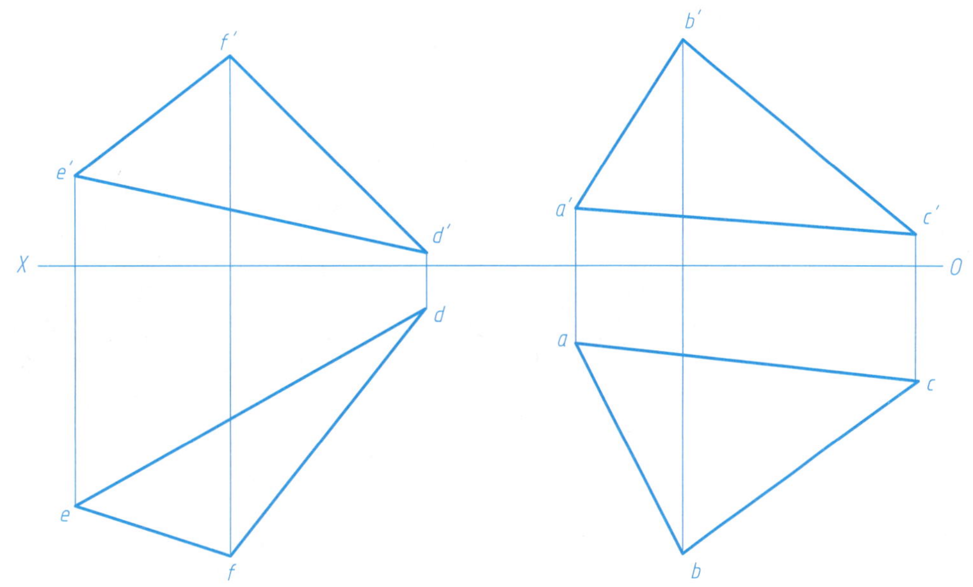

2.27 已知直线AB平行于平面CDE，完成平面CDE的水平投影。

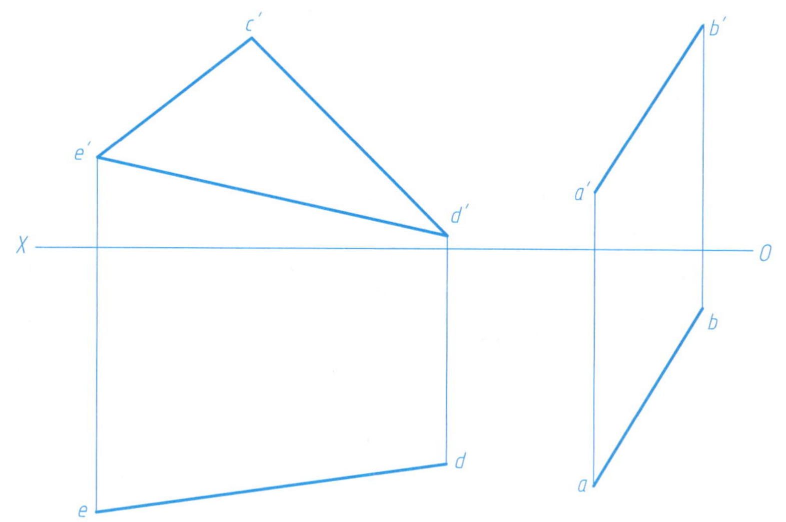

2.28 过点K作直线平行于两已知平面。

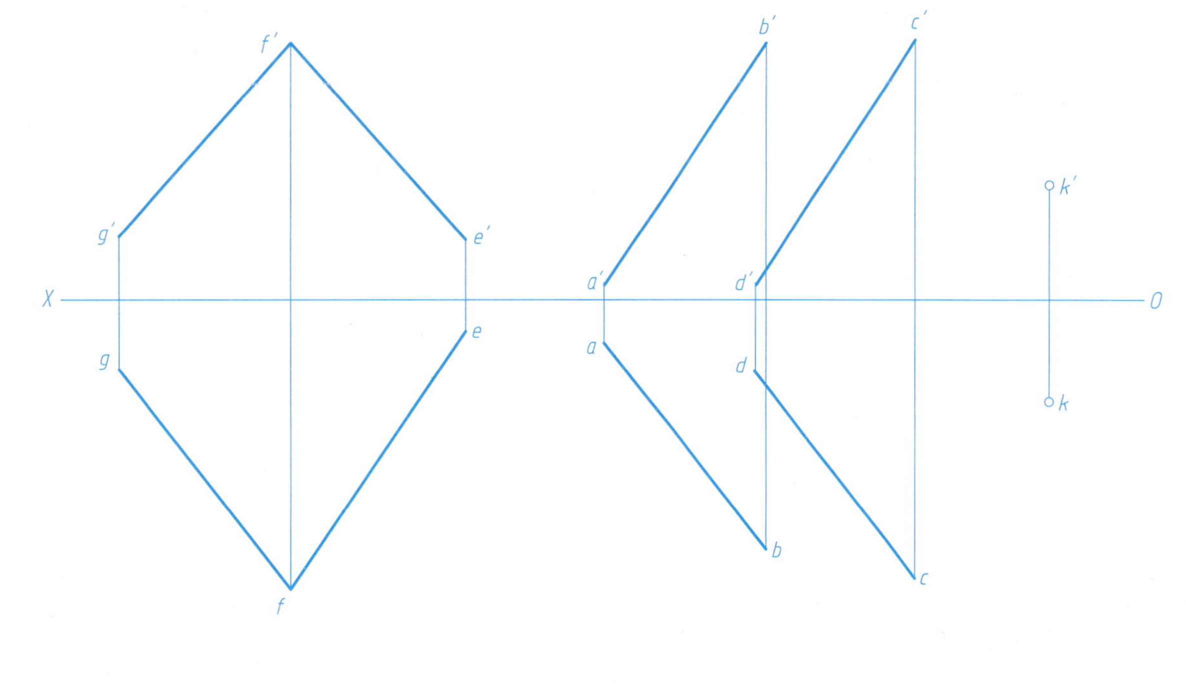

2.29 求两平面的交线，并判明可见性。

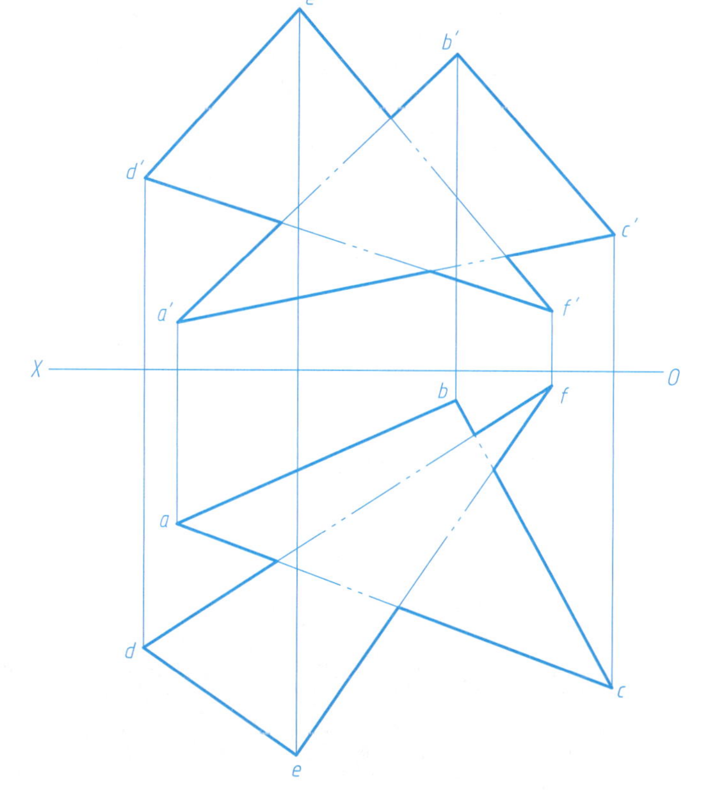

3.1 根据立体图，补全立体的三视图。

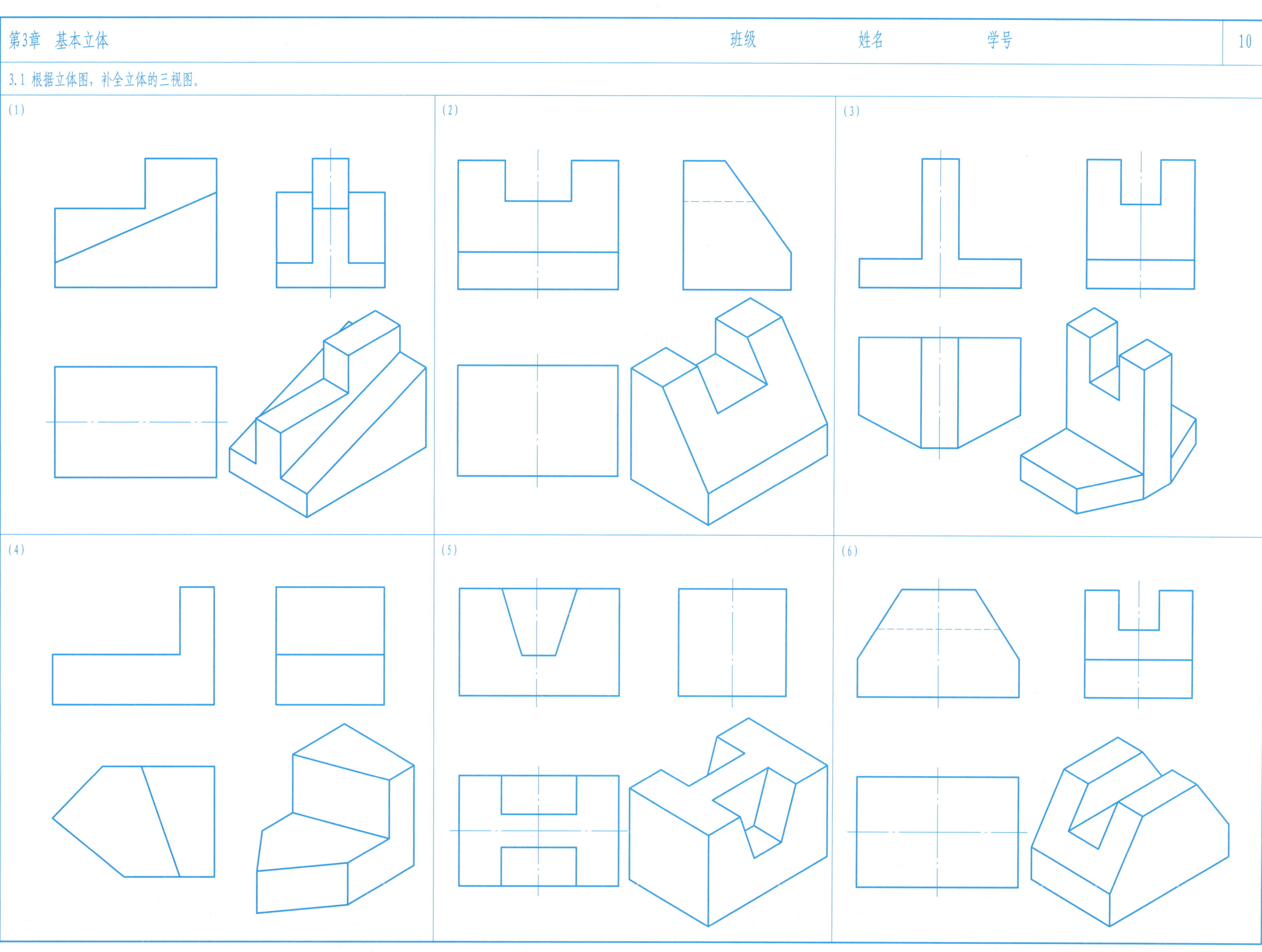

3.2 根据立体图，补画立体的第三面投影。

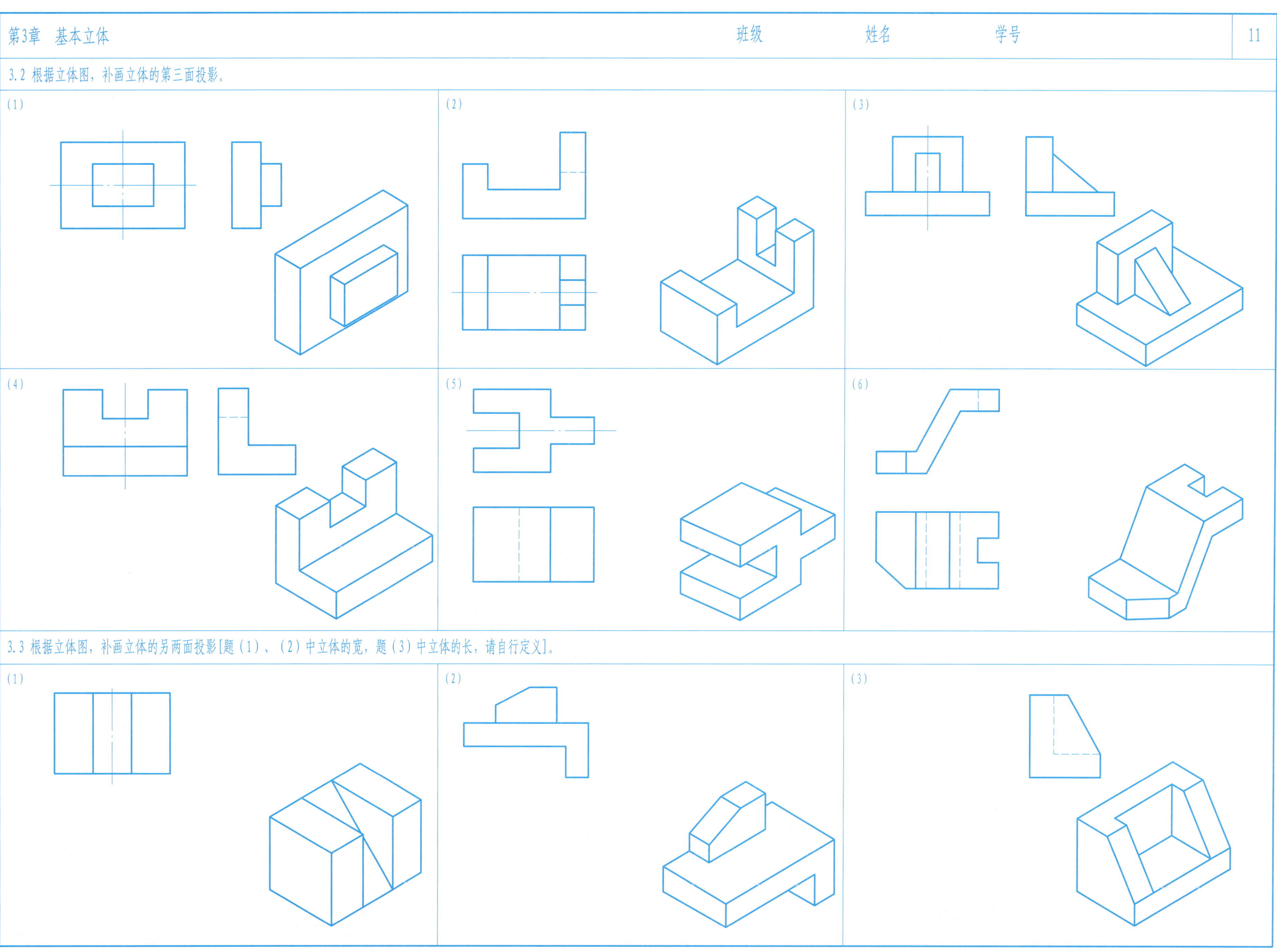

3.3 根据立体图，补画立体的另两面投影[题（1）、（2）中立体的宽，题（3）中立体的长，请自行定义]。

(1) (2) (3)

3.4 作平面基本立体的第三面投影，并补全立体表面上诸点或线的三面投影。

(1)

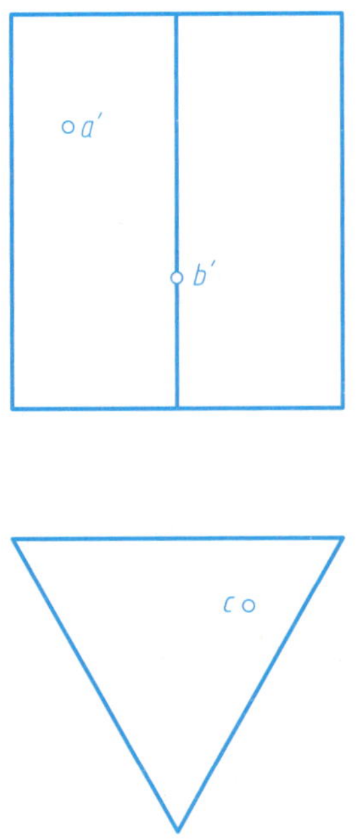

(2)

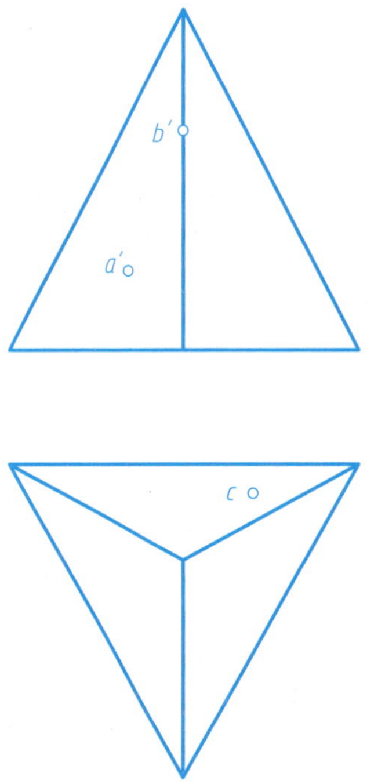

(3)

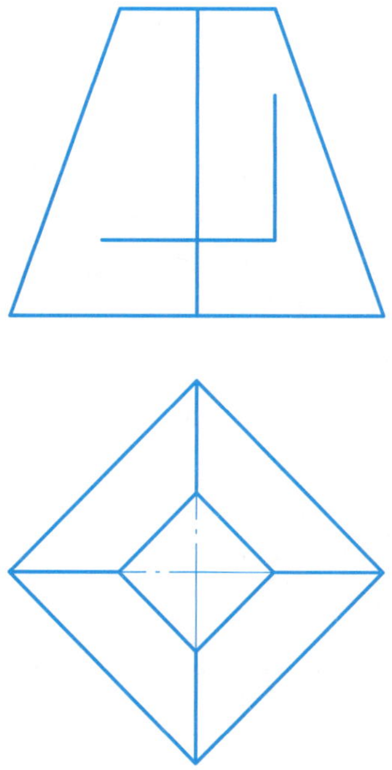

(4)

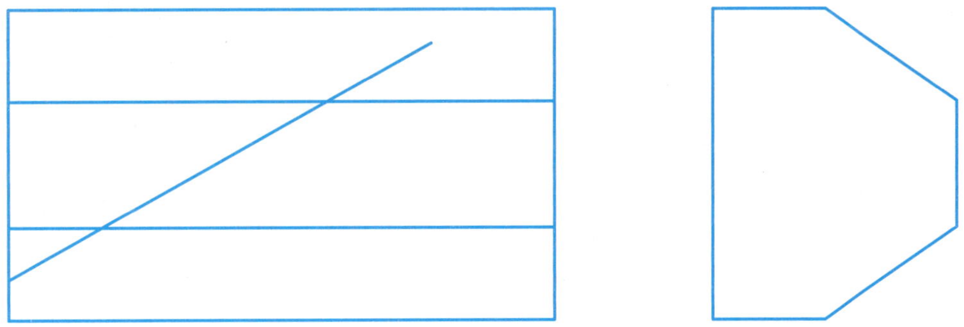

(5)

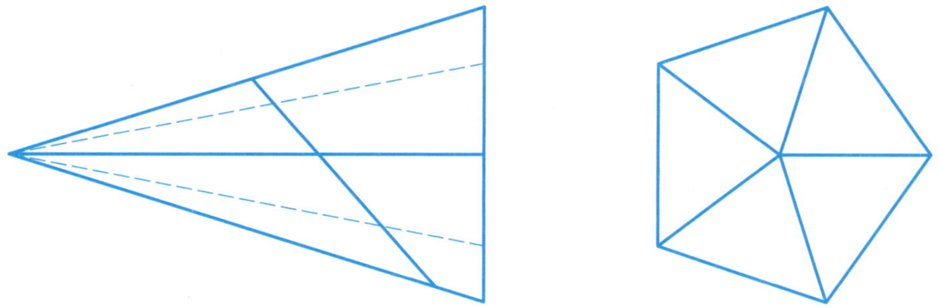

3.5 作曲面基本立体的第三面投影，并补全立体表面上诸点或线的三面投影。

(1)

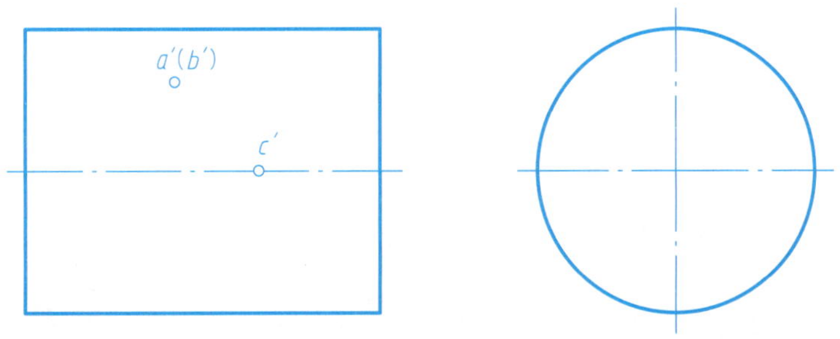

a′(b′)
c′

(2)

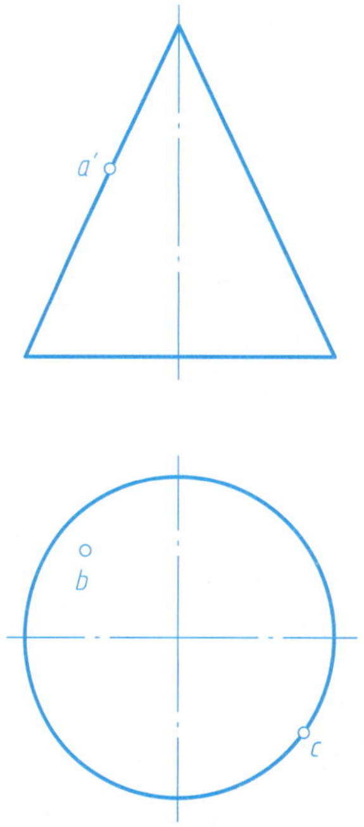

a′
b
c

(3)

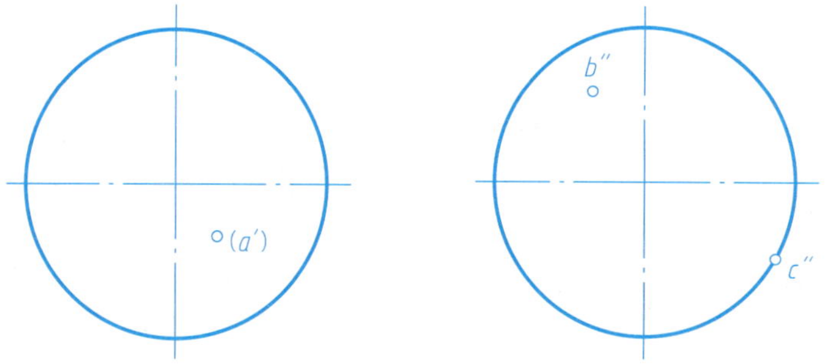

(a′)
b″
c″

(4)

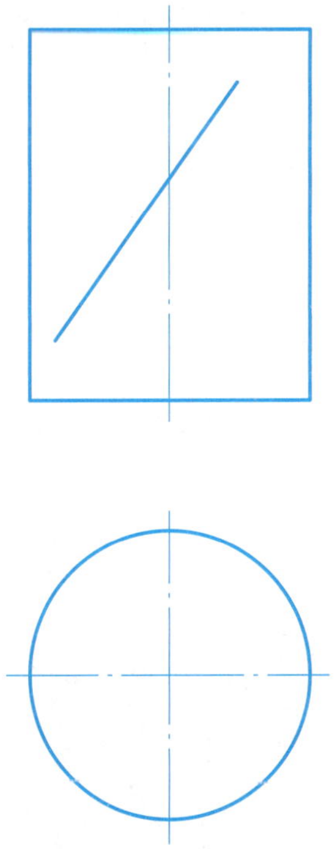

(5)

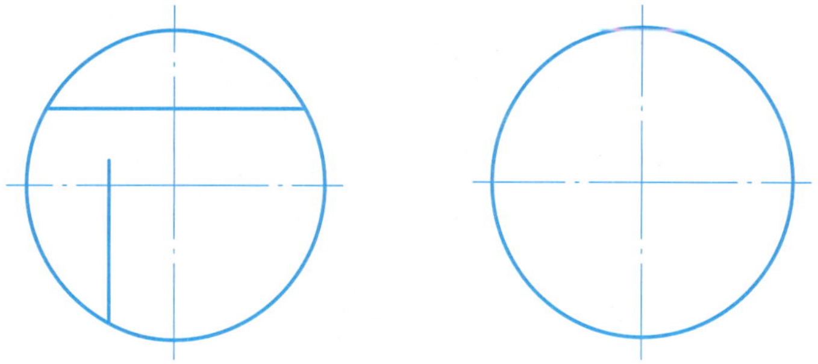

(6)

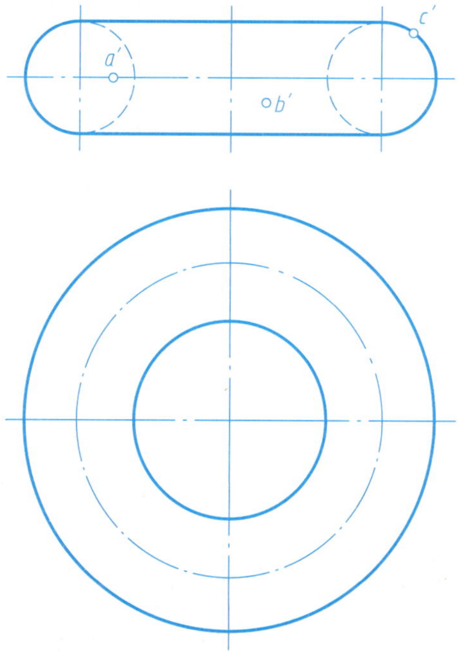

c′
a′
b′

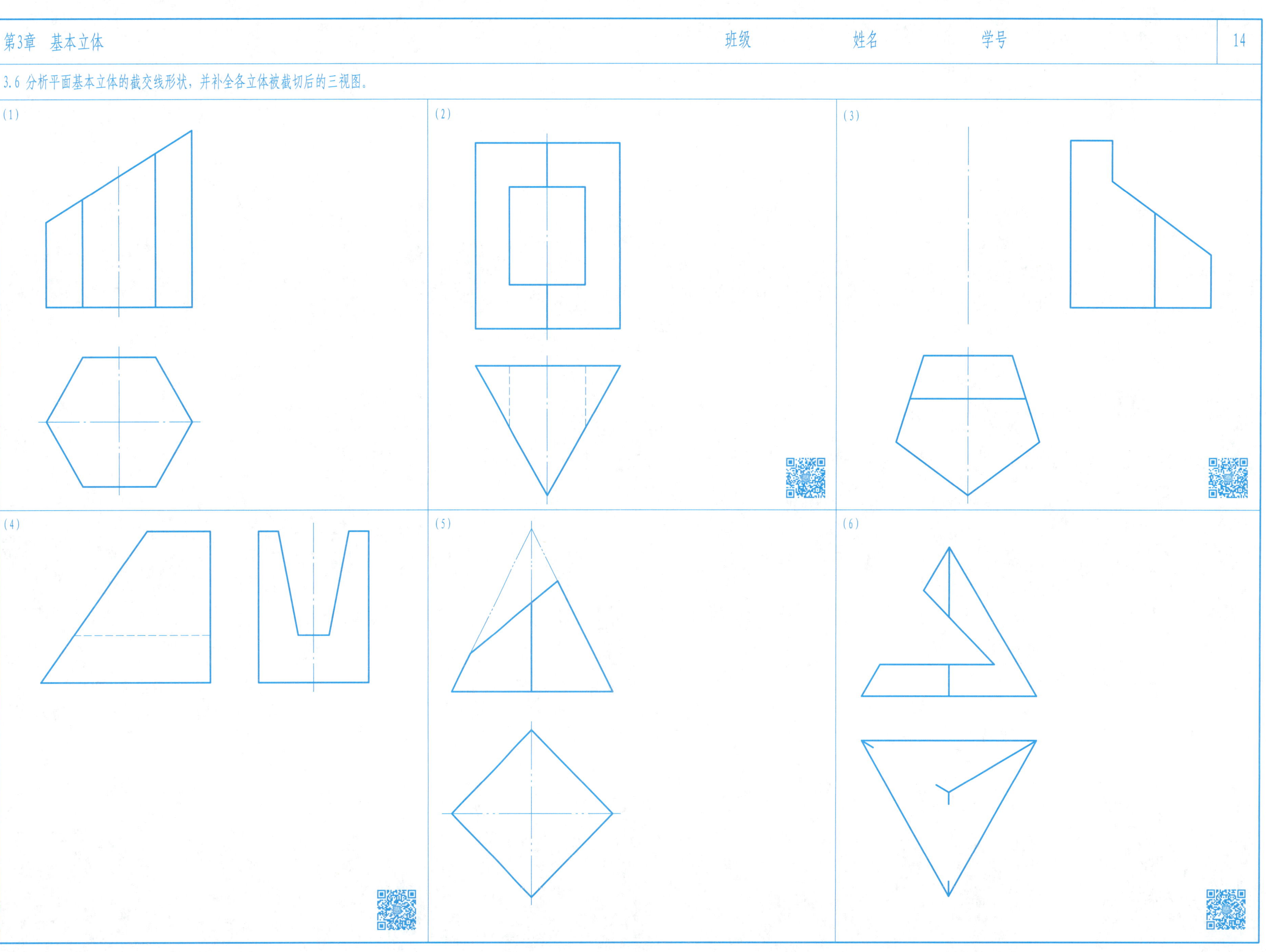
第3章　基本立体
班级
姓名
学号
14
3.6 分析平面基本立体的截交线形状，并补全各立体被截切后的三视图。
(1)
(2)
(3)
(4)
(5)
(6)

3.7 分析曲面基本立体的截交线形状，并补全各立体被截切后的三视图。

(1)

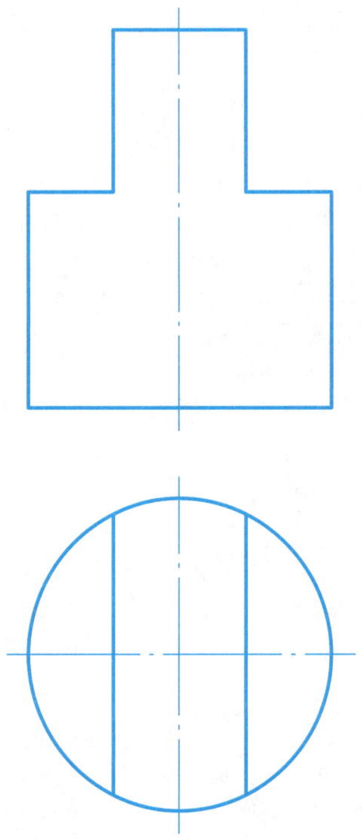

(2)

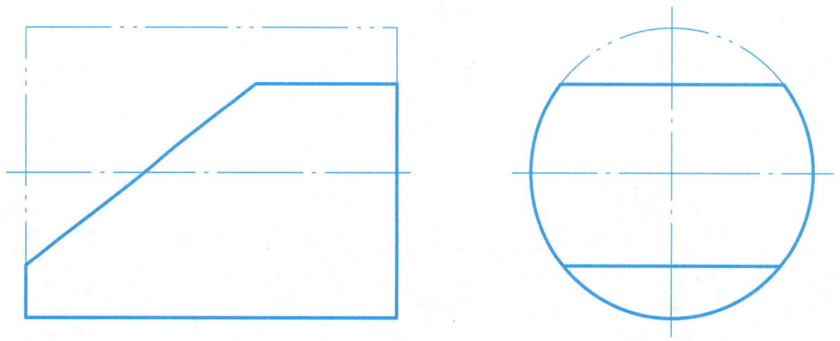

(3)

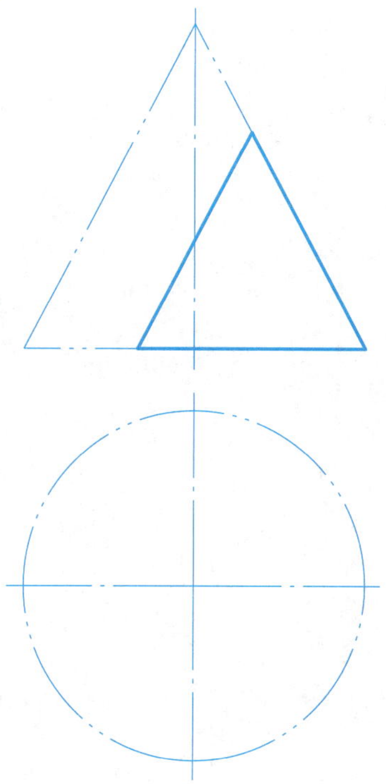

(4)

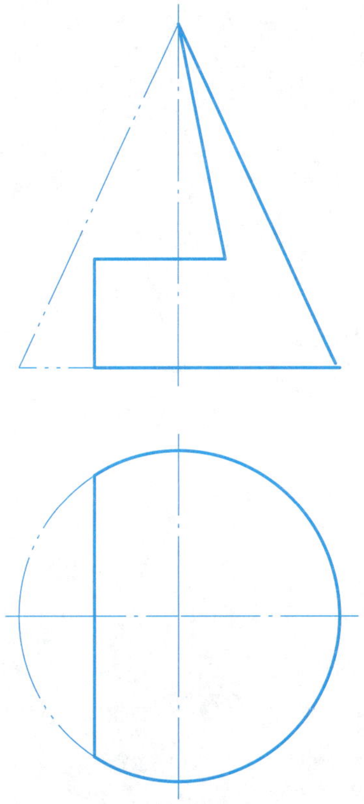

(5)

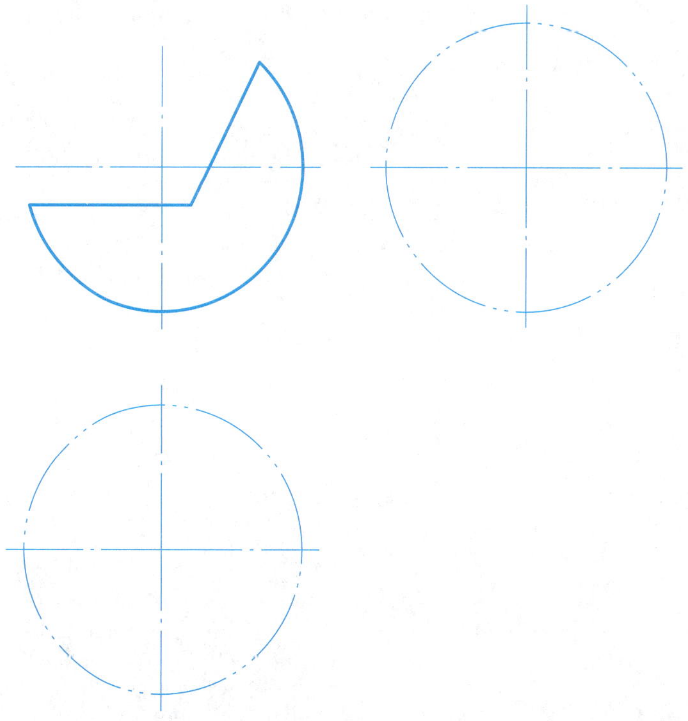

(6)

3.8 根据立体图，补全基本立体被多面截切后的三视图。

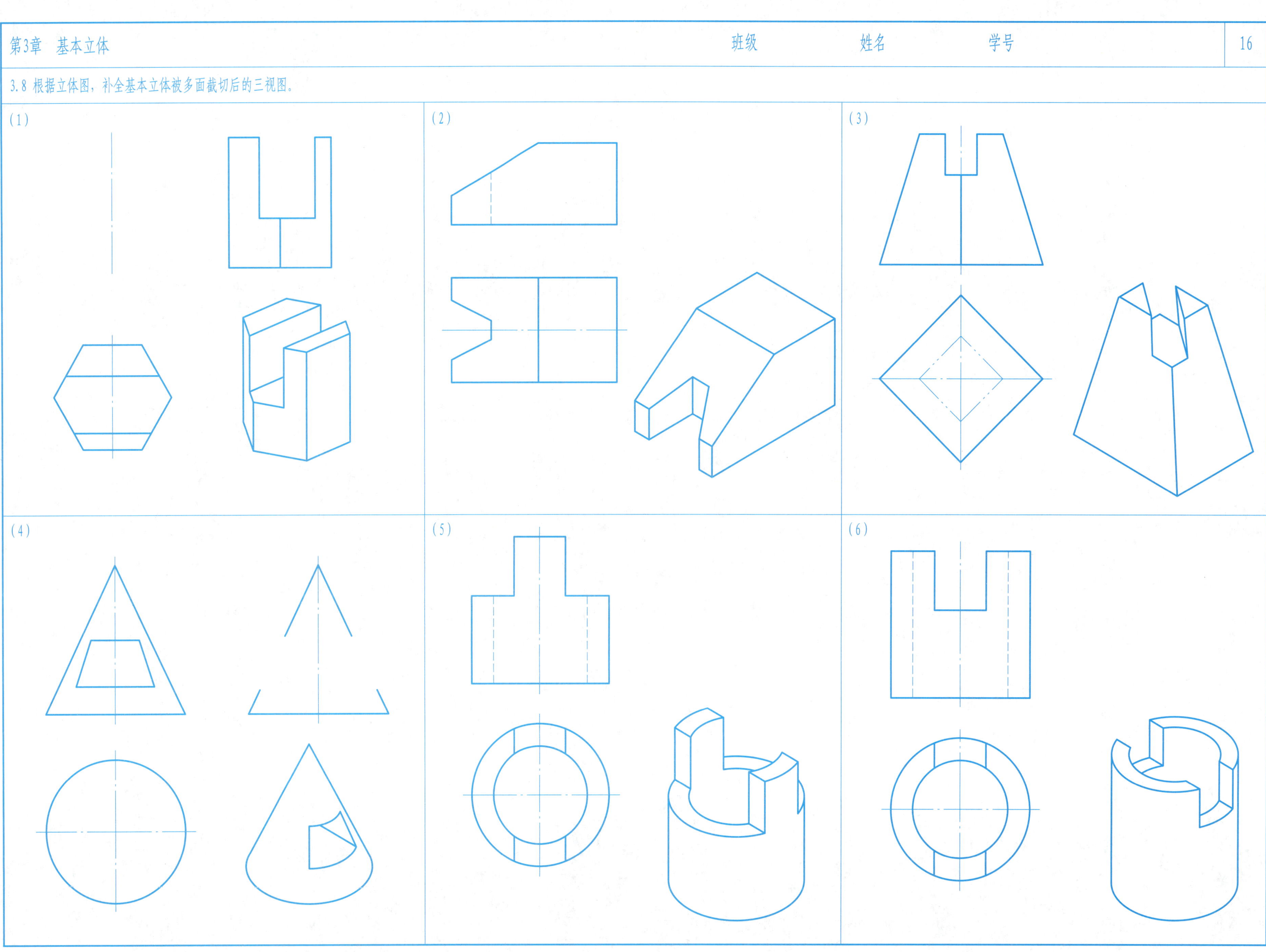

3.9 补全相贯立体三面投影中的漏线（一）。

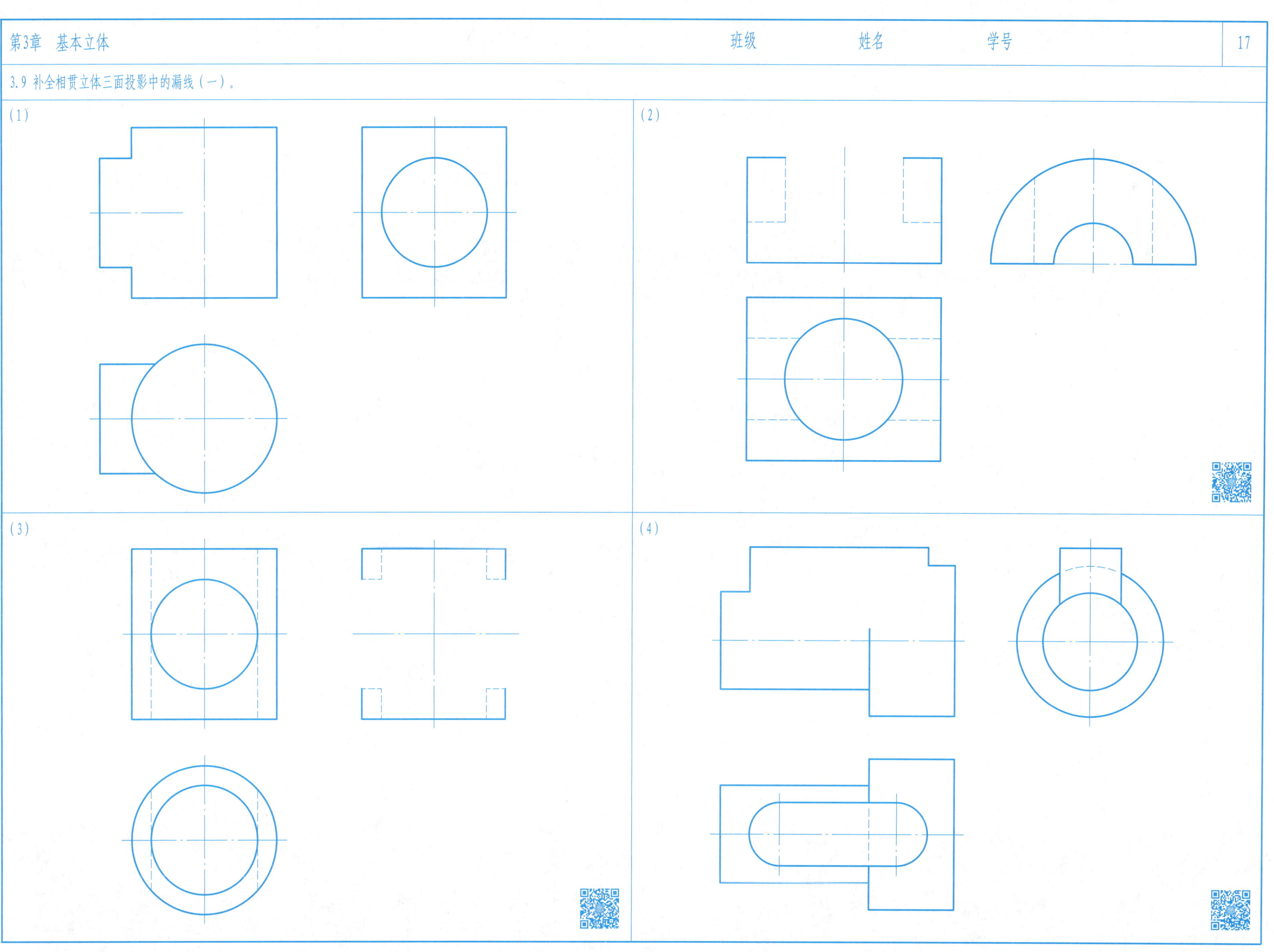

3.10 补全相贯立体三面投影中的漏线（二）。

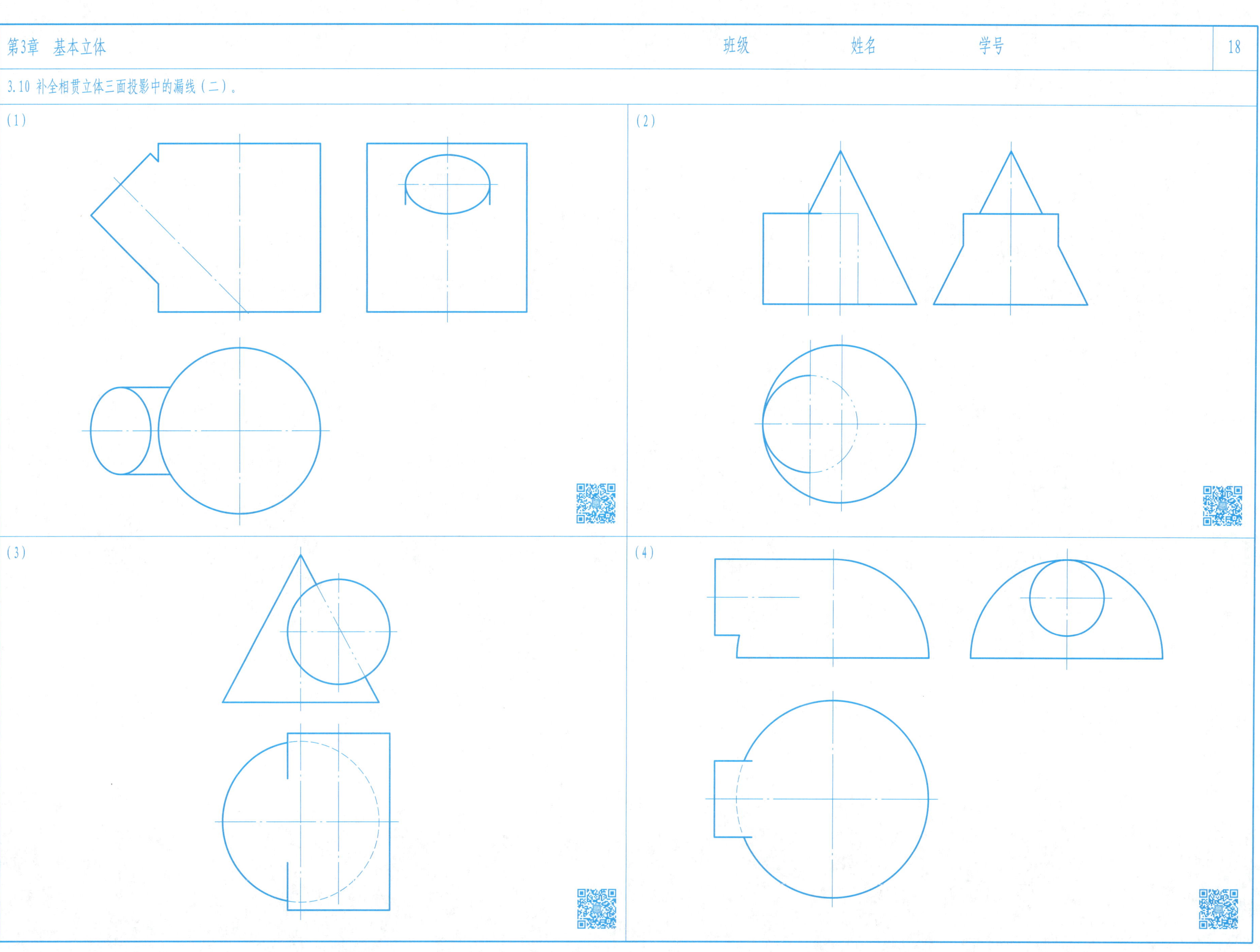

4.1 作出下列物体的正等轴测图。

(1)

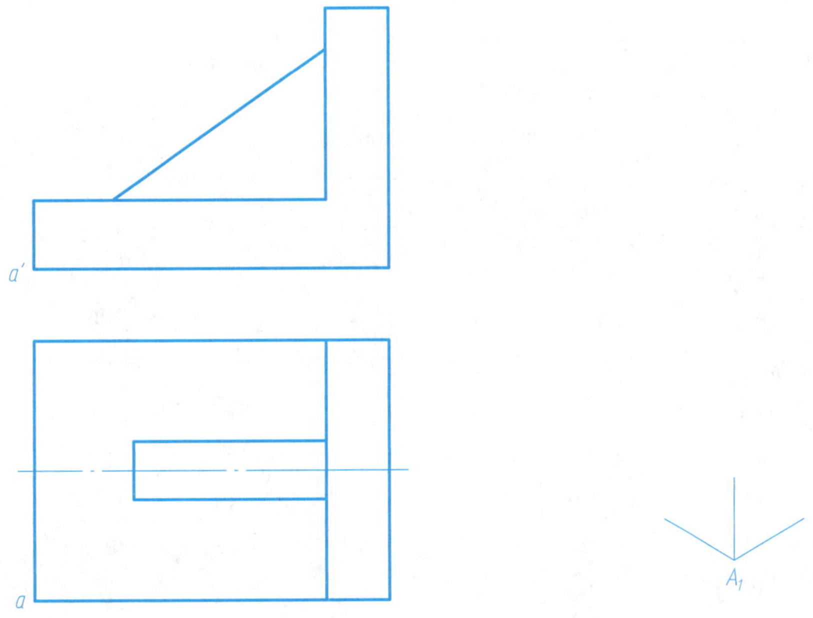

a′

a

A_1

(2)

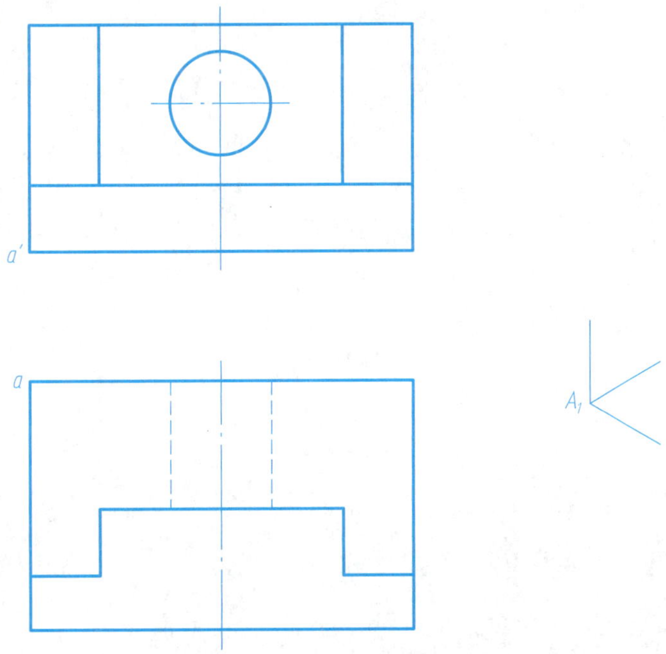

a′

a

A_1

(3)

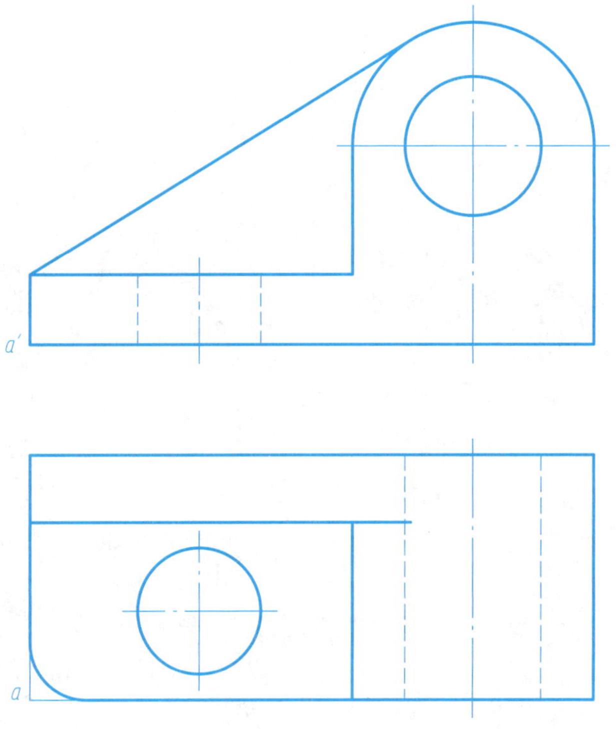

a′

a

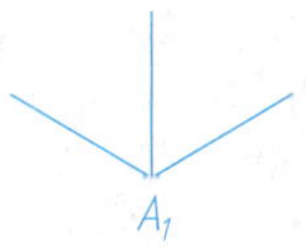

A_1

4.2 作出下列物体的斜二轴测图。

(1)

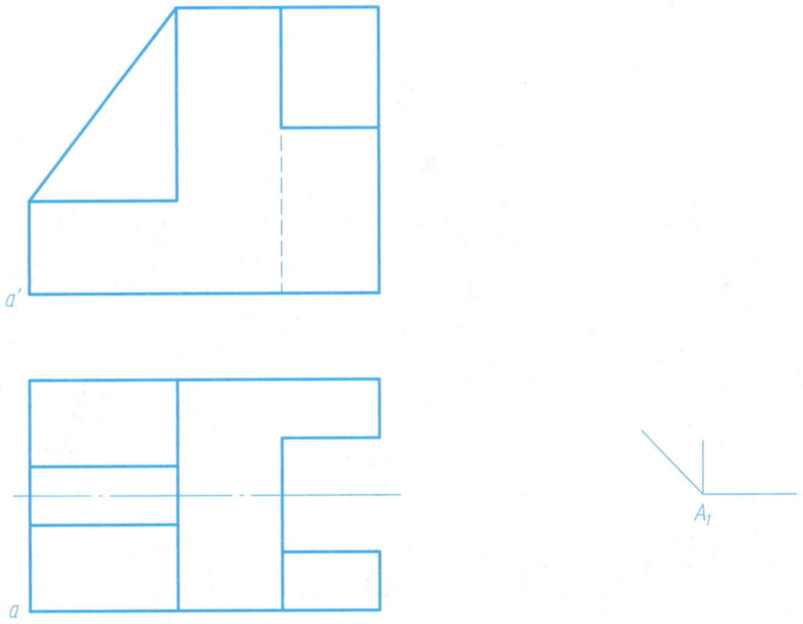

a'

a

A_1

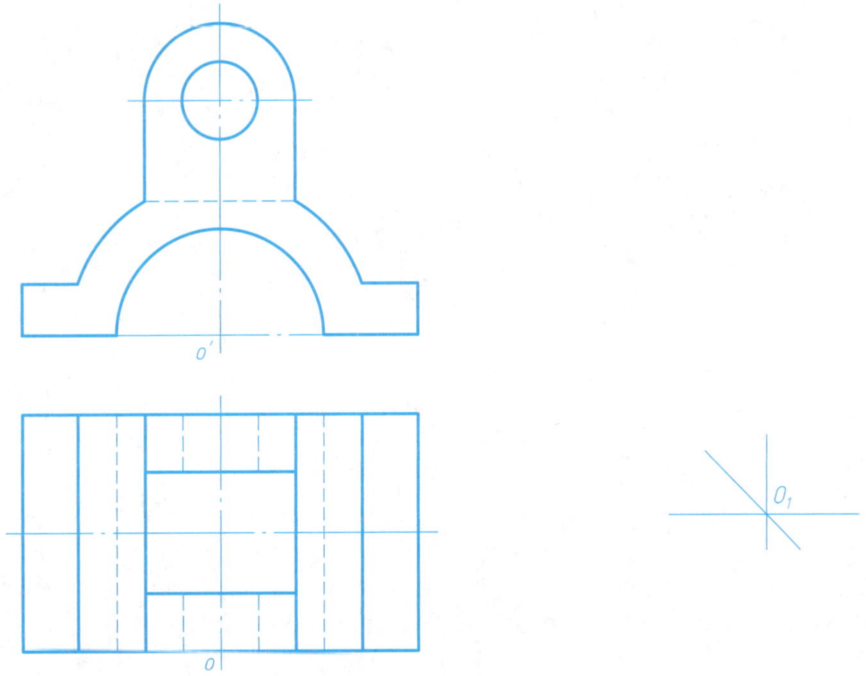

(3)

o'

o''

O_1

(2)

o'

o

O_1

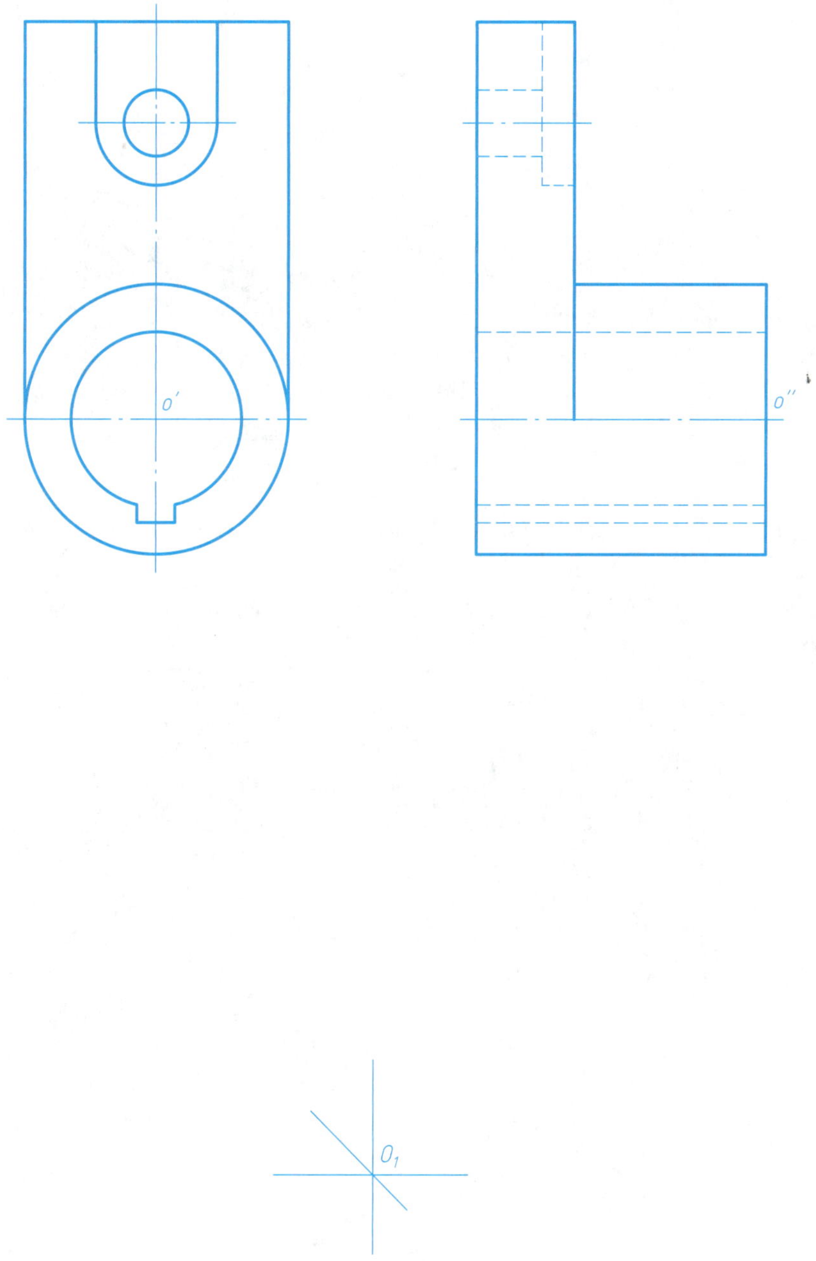

5.1 根据轴测图上所注的尺寸，用1：1的比例画出组合体的三视图。

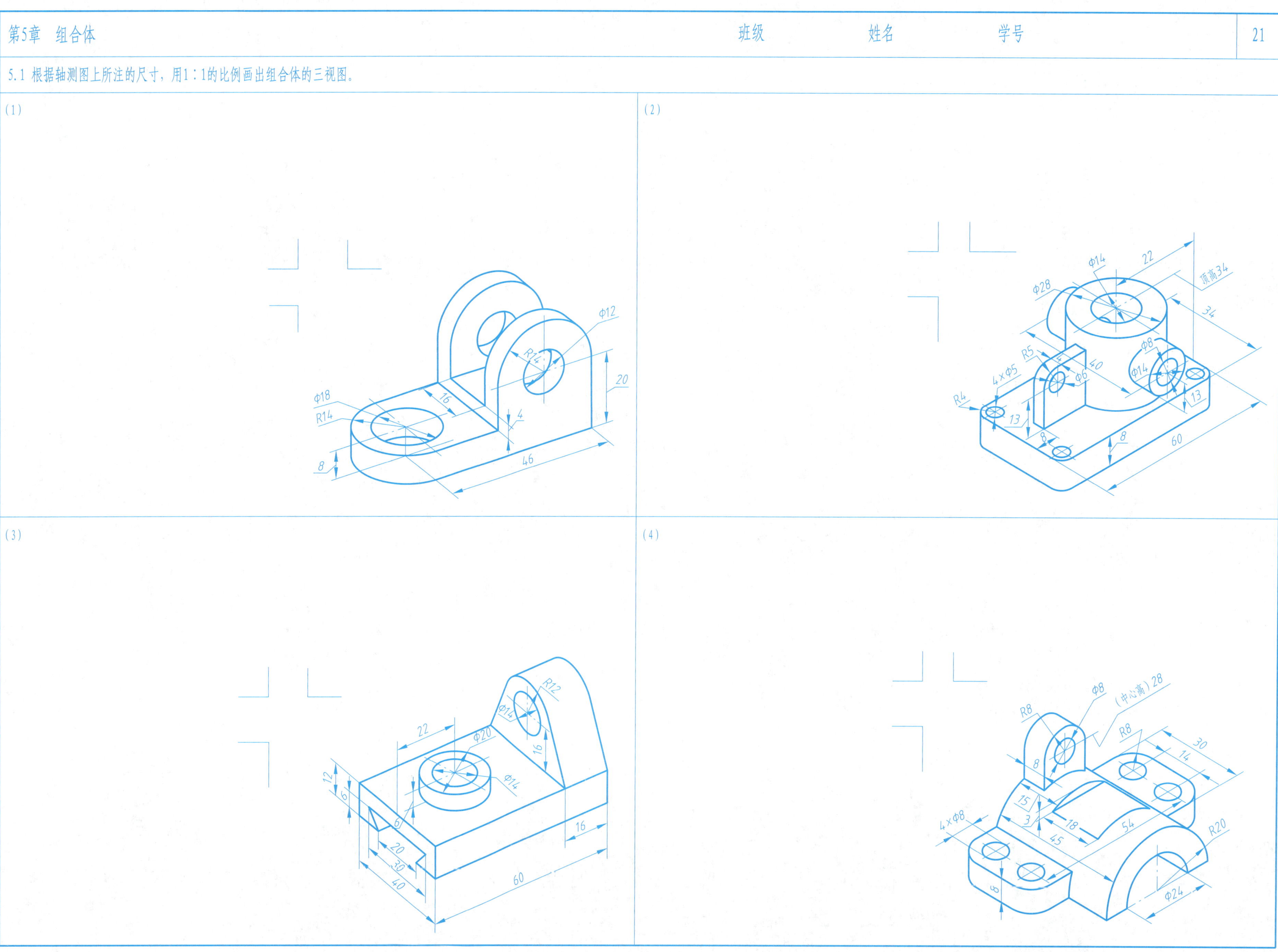

5.2 根据组合体视图，完成填空题。

(1)

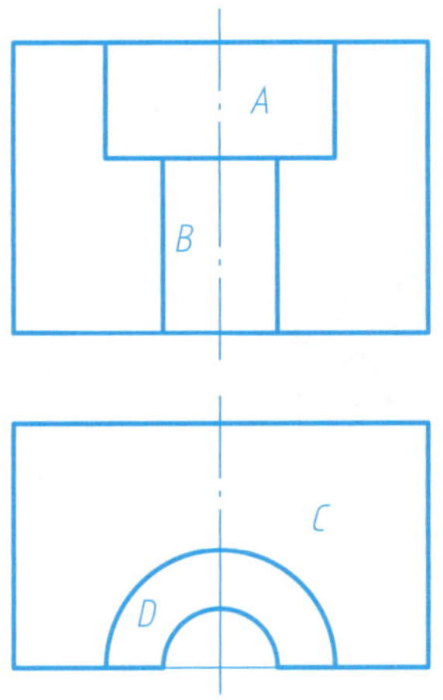

线框A表示 ______ 面的投影（平、圆柱）

线框D表示 ______ 面的投影（平、圆柱）

面A在面B之 ______（前、后）

面C在面D之 ______（上、下）

(2)

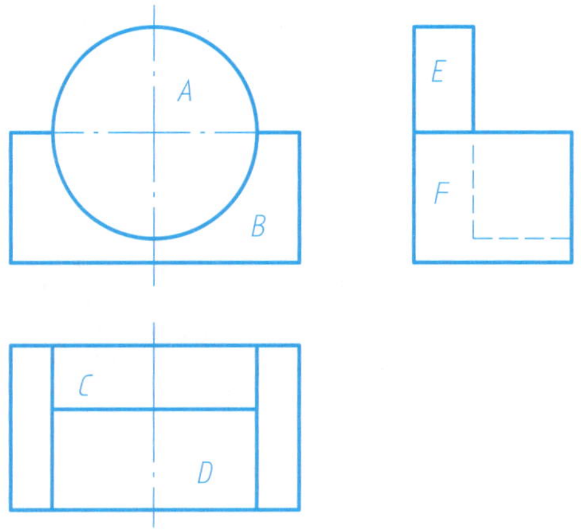

线框A表示 ______ 面的投影（平、圆柱）

面A在面B之 ______（前、后）

面E在面F之 ______（左、右）

面C在面D之 ______（上、下）

(3)

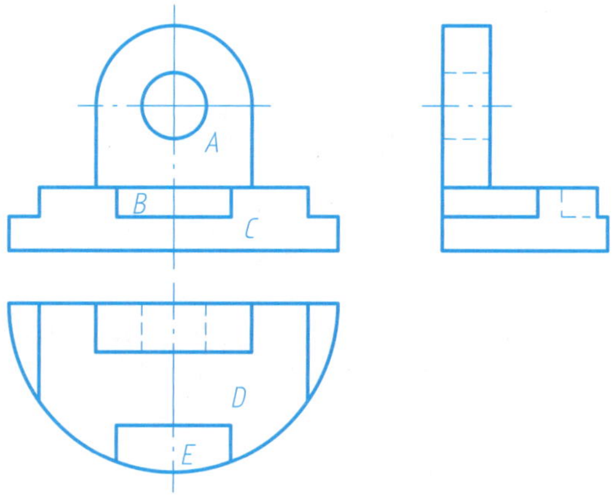

线框C表示 ______ 面的投影（平、圆柱）

线框B表示 ______ 面的投影（平、圆柱）

面A在面B之 ______（前、后）

面D在面E之 ______（上、下）

5.3 根据组合体的主视图和左视图，选择正确的俯视图。

(1)

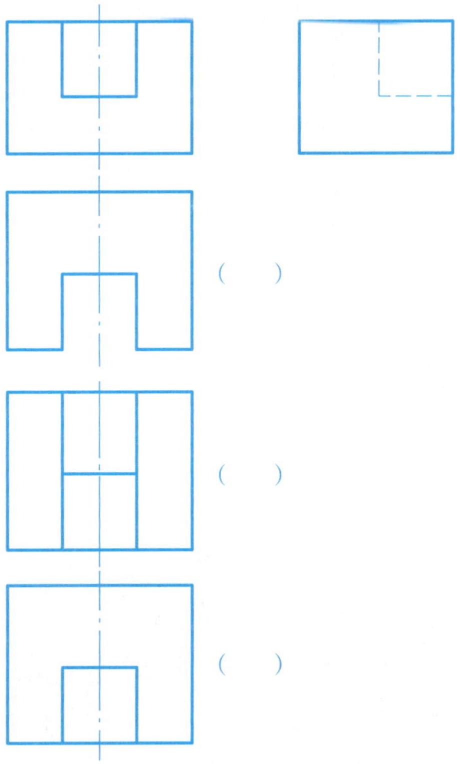

（ ）

（ ）

（ ）

(2)

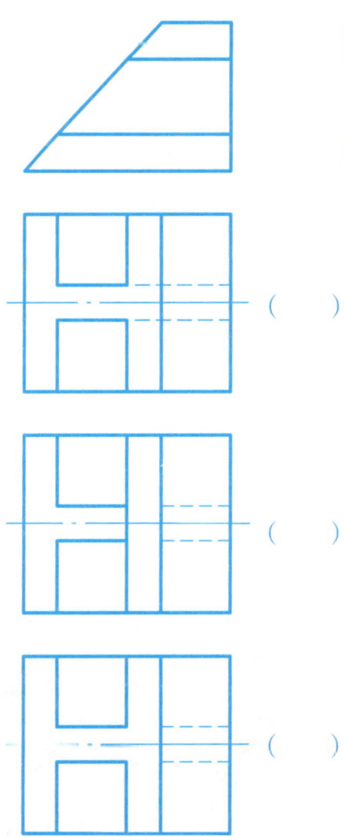

（ ）

（ ）

（ ）

(3)

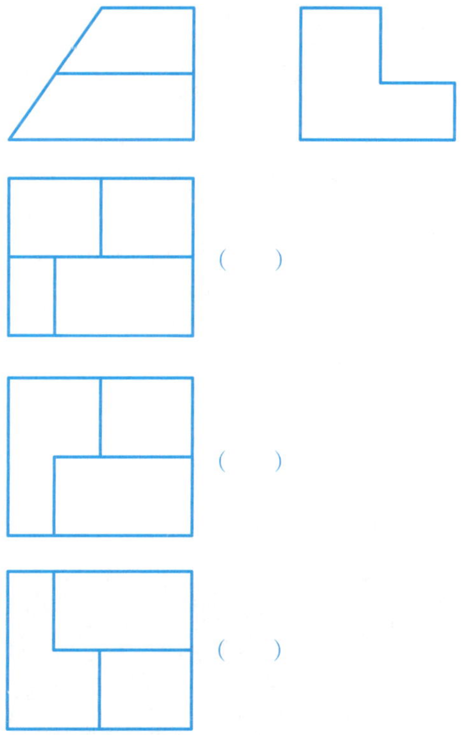

（ ）

（ ）

（ ）

5.4 根据组合体的两个视图，补画第三视图。

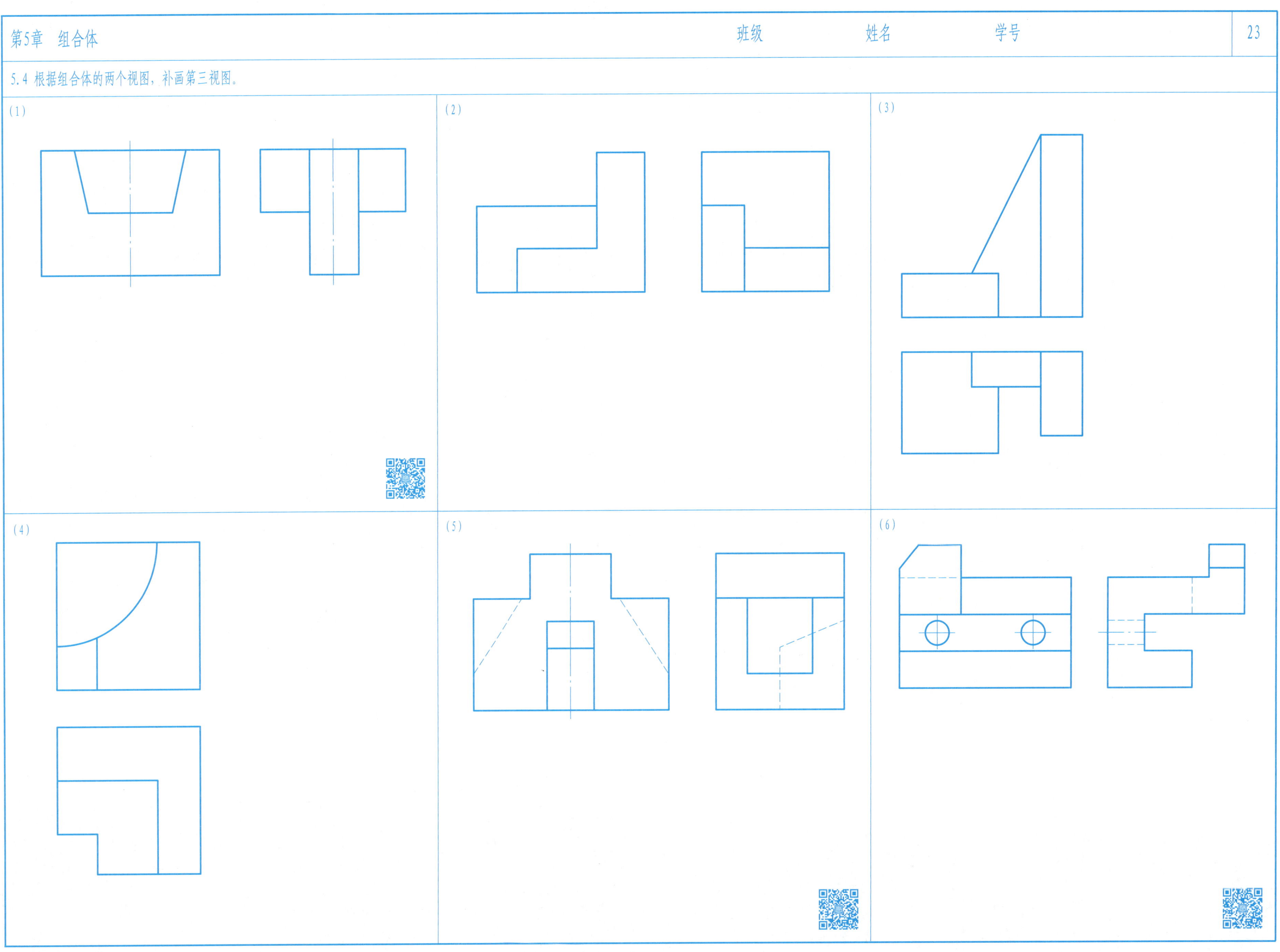

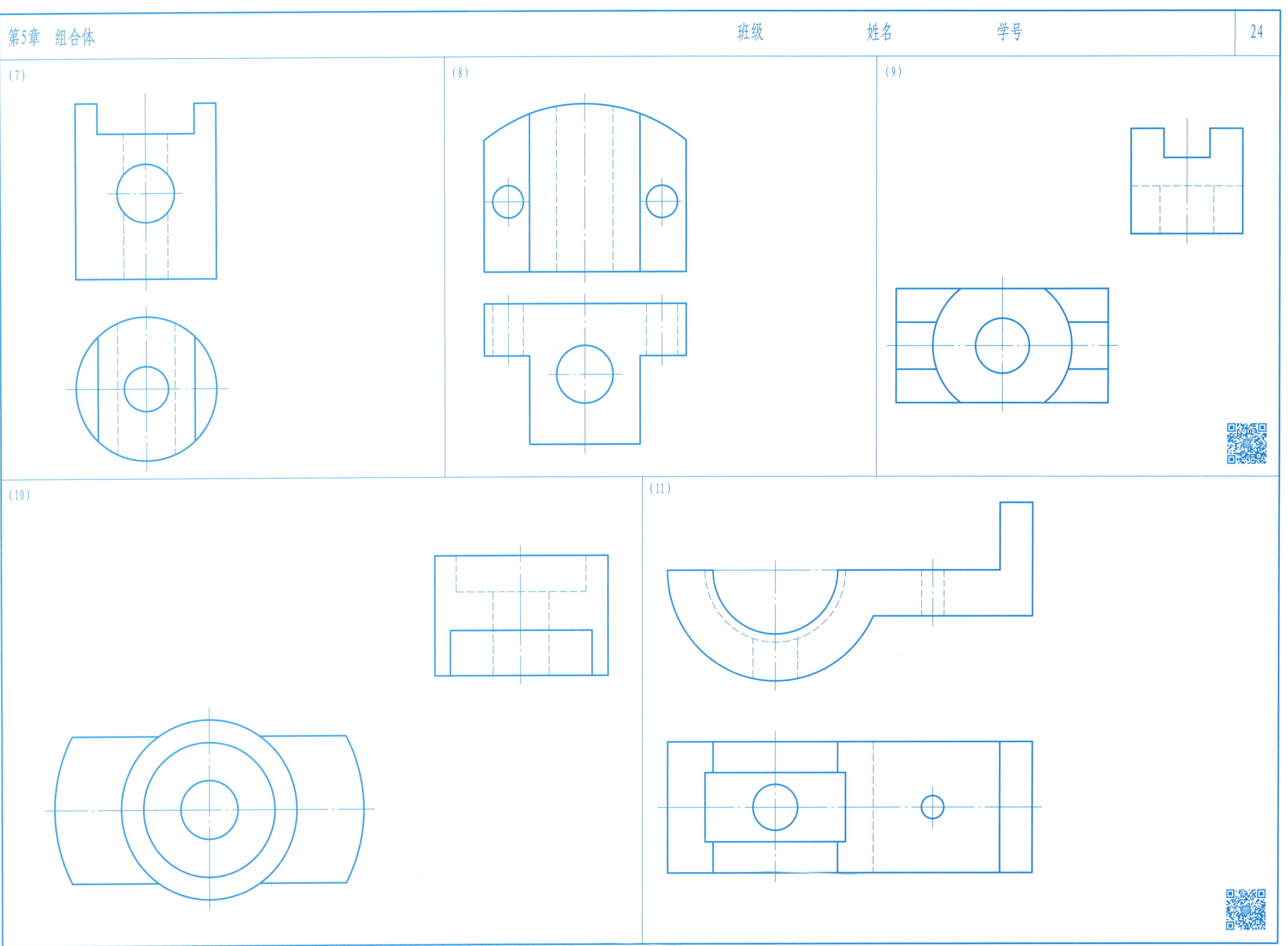
(7)
(8)
(9)
(10)
(11)

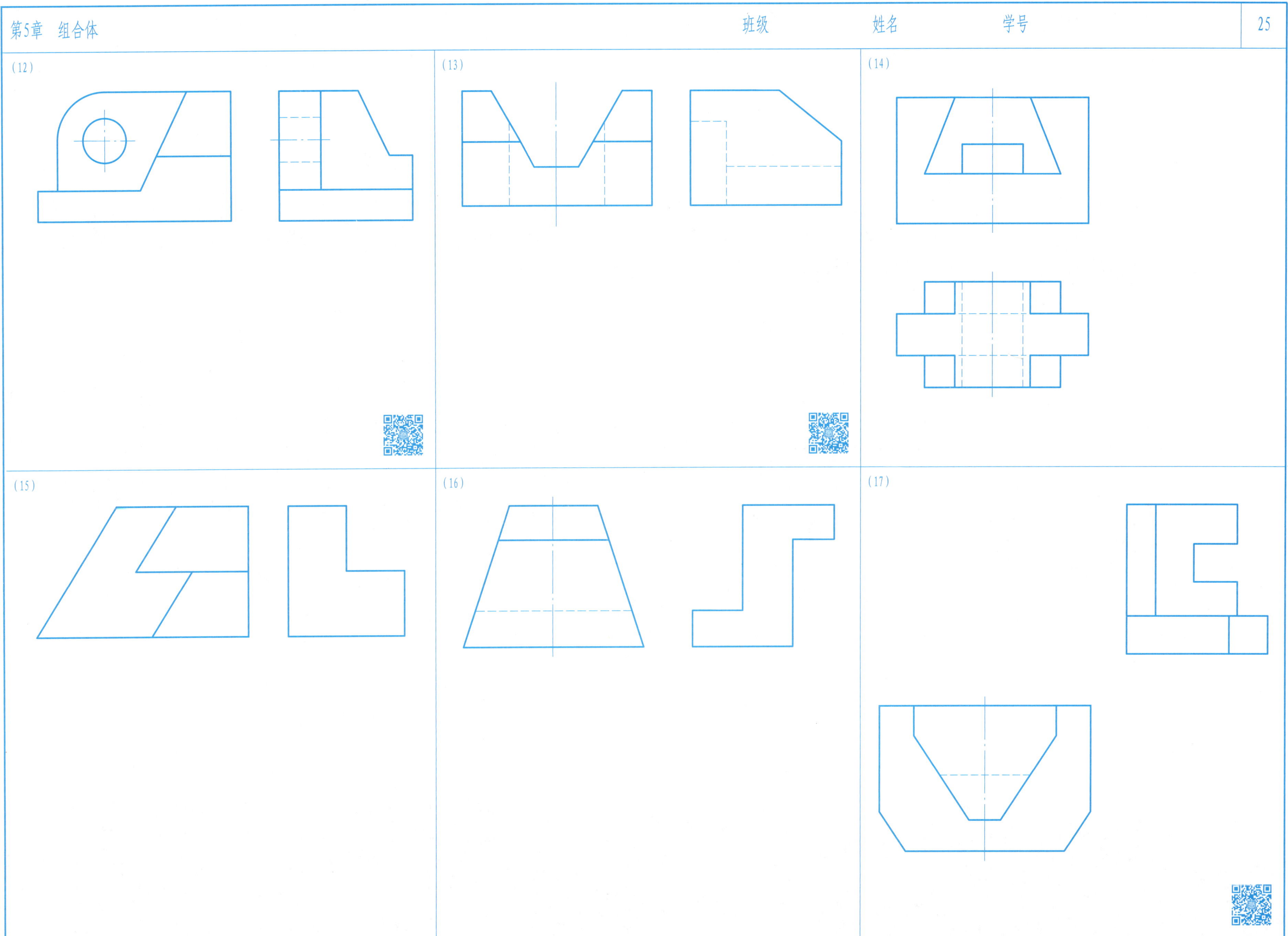
班级
姓名
学号
(12)
(13)
(14)
(15)
(16)
(17)

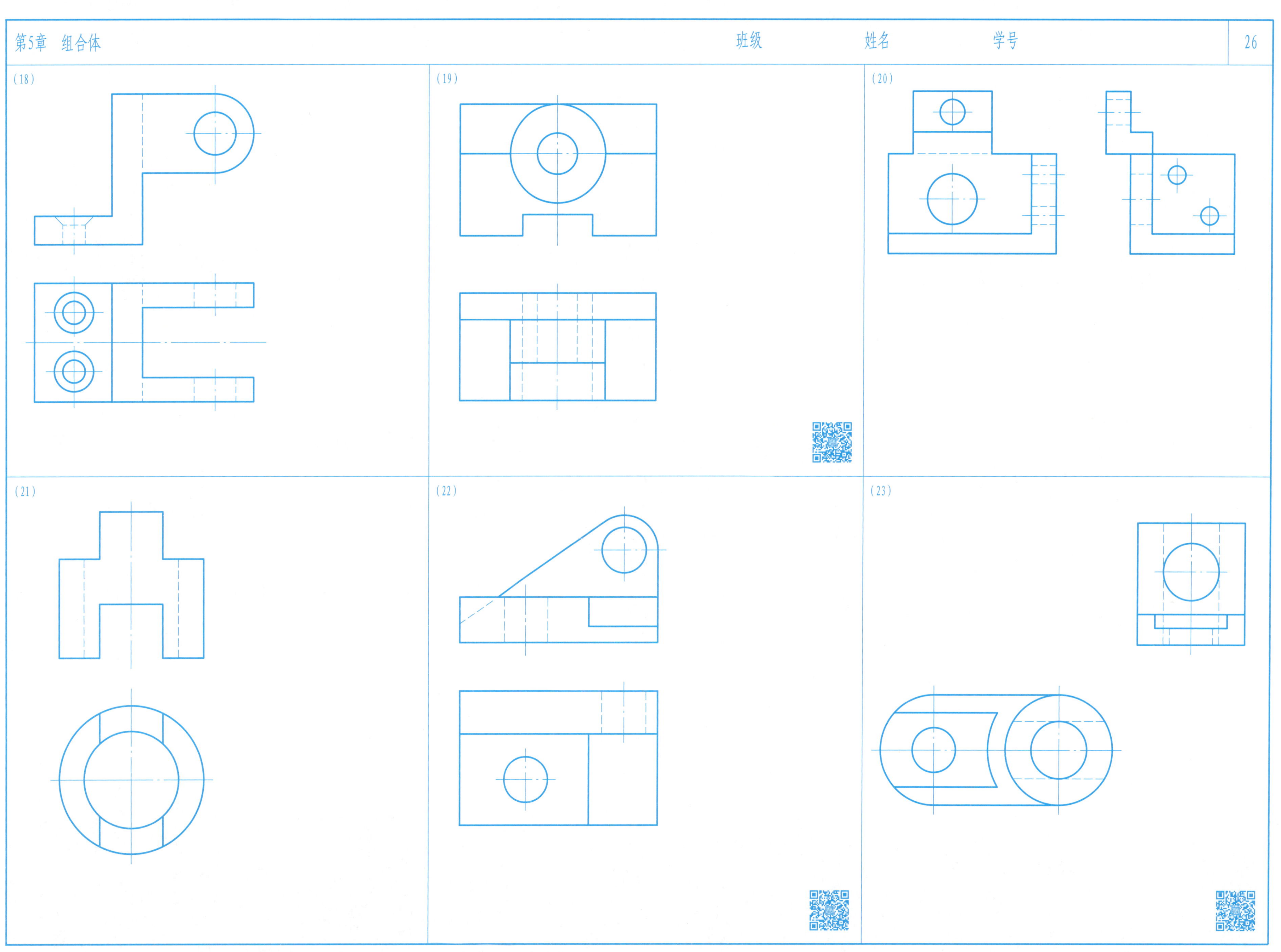
(18)
(19)
(20)
(21)
(22)
(23)

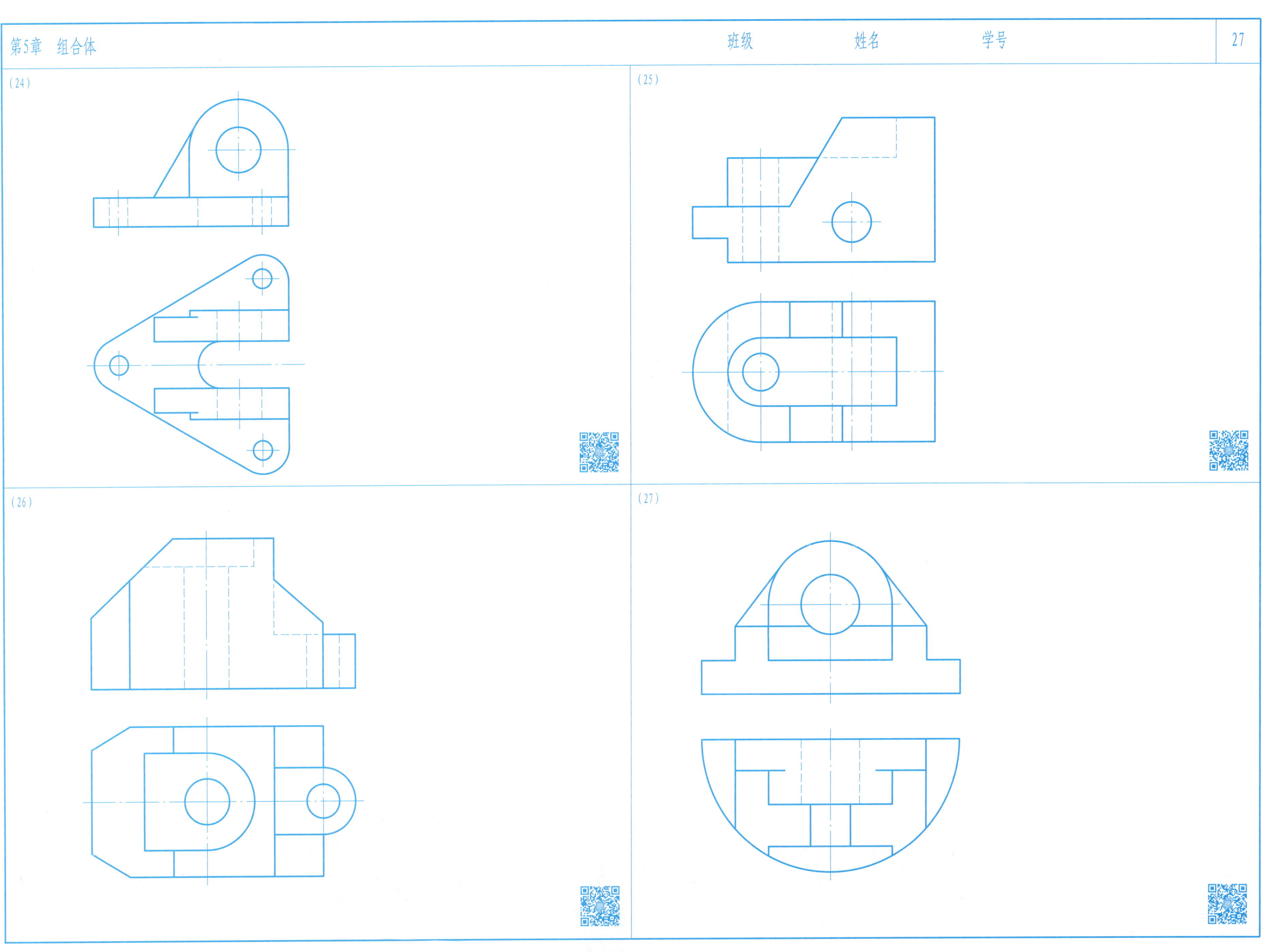
(24)
(25)
(26)
(27)

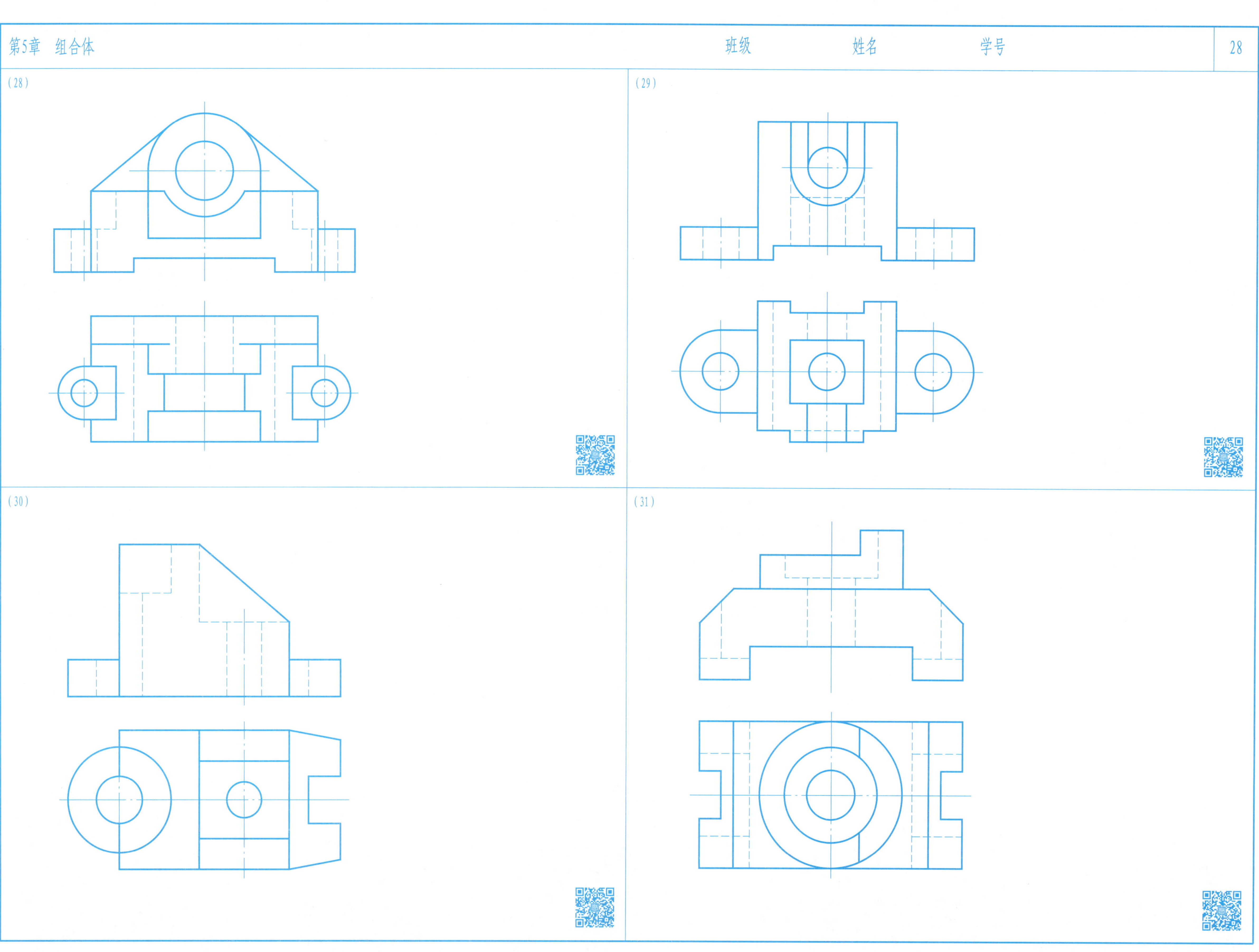
(28)
(29)
(30)
(31)

5.5 为组合体视图添加尺寸标注，尺寸数字可以参考轴测图或从视图中直接量取（取整数）。

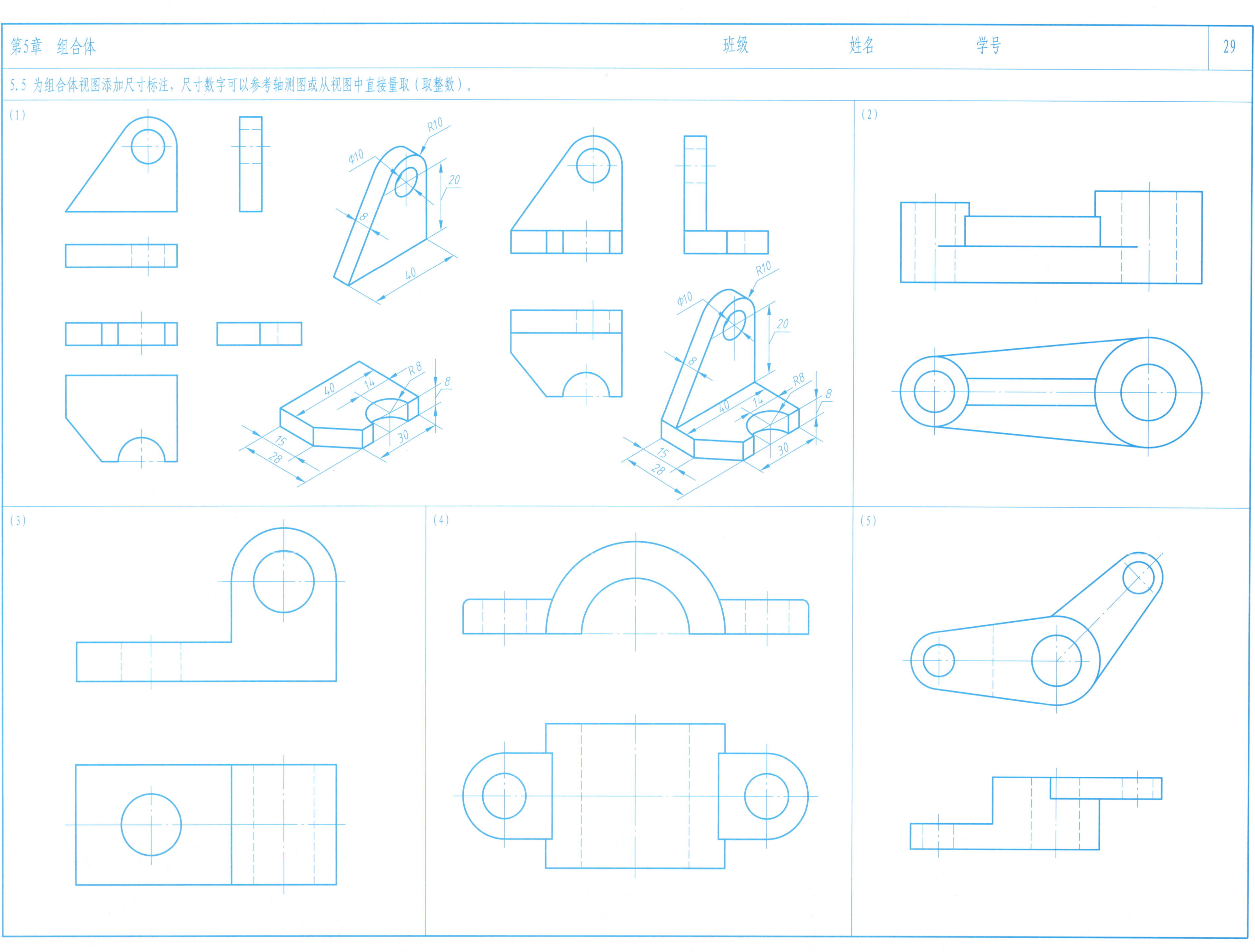

5.6 构思立体形状，在方框内画出8个不同的俯视图，使之成为8个不同的立体。

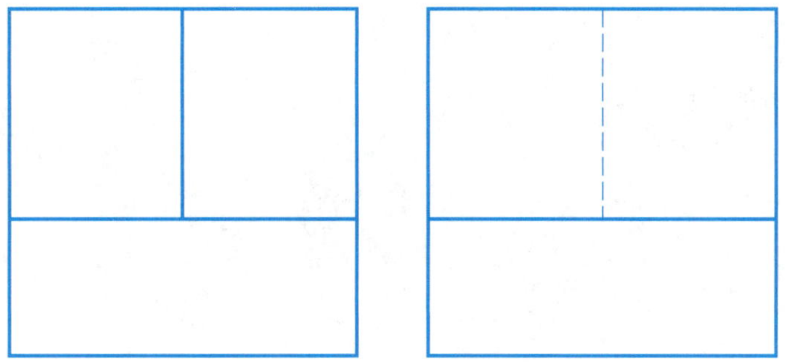

5.7 构思立体形状，补画左视图和俯视图，使之成为4个不同的立体。

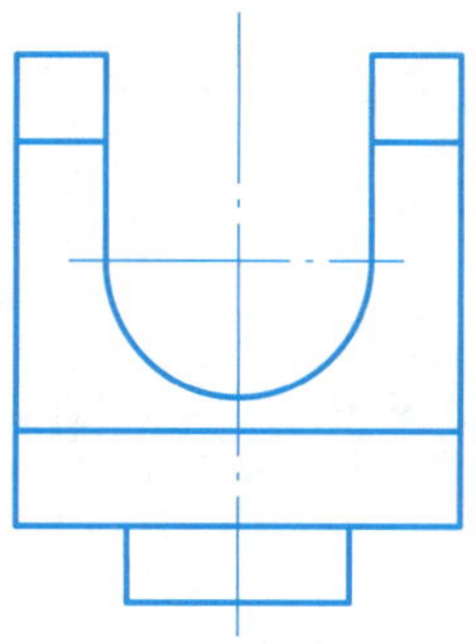

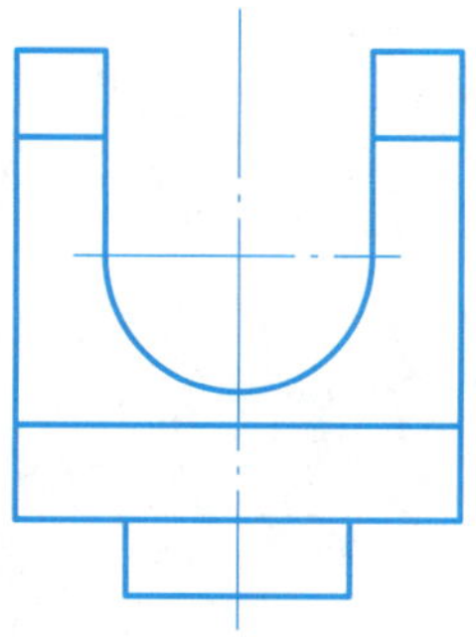

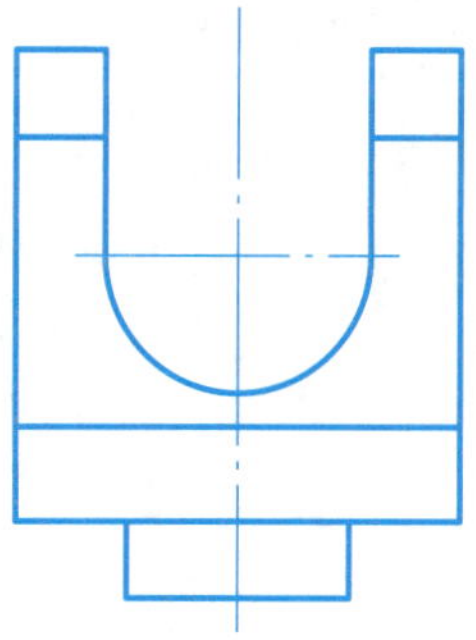

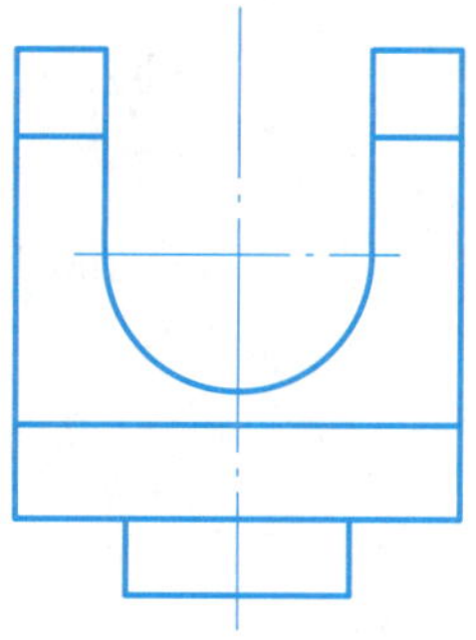

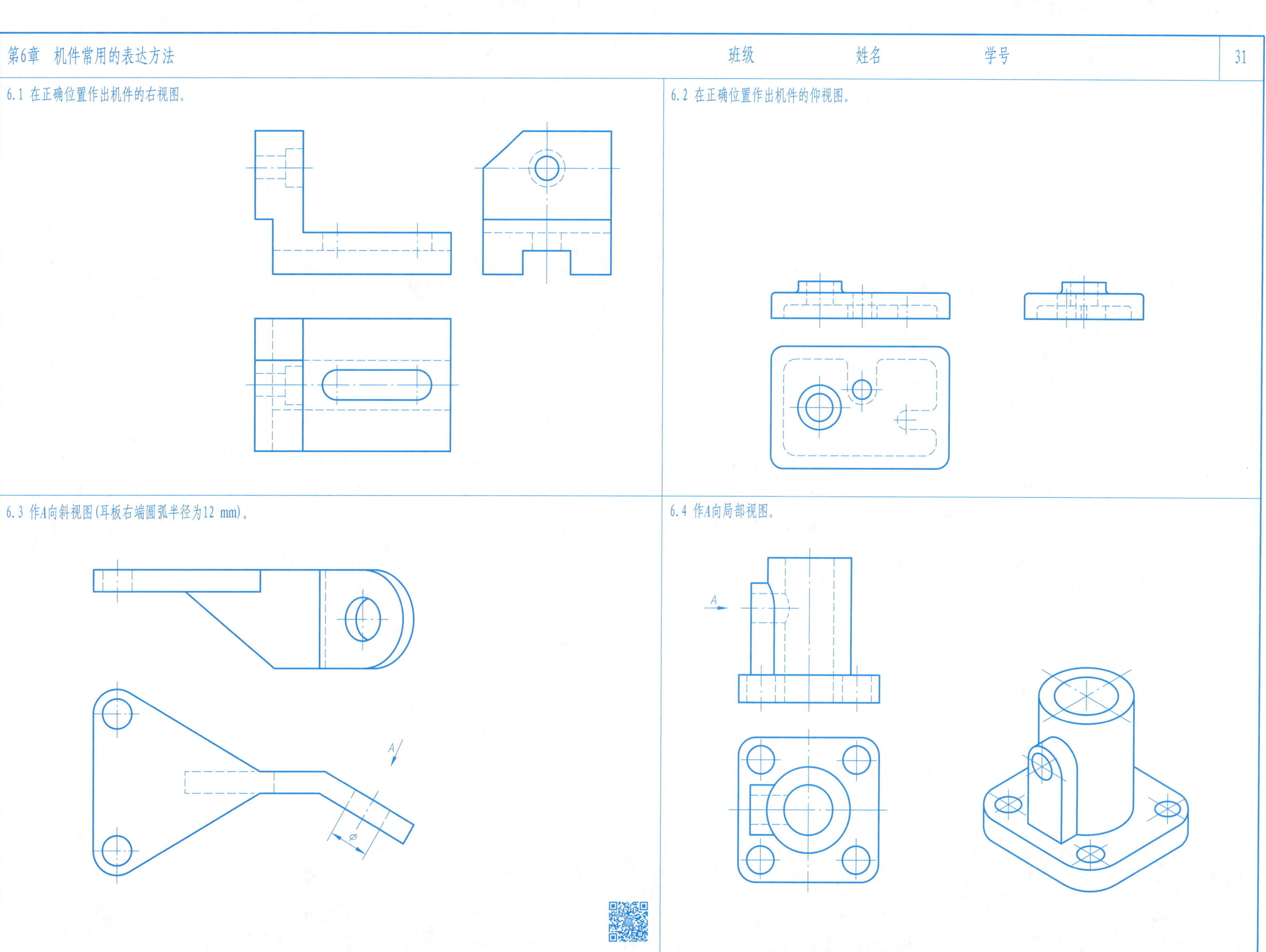

6.1 在正确位置作出机件的右视图。

6.2 在正确位置作出机件的仰视图。

6.3 作*A*向斜视图(耳板右端圆弧半径为12 mm)。

6.4 作*A*向局部视图。

6.5 分析剖视图中的错误，在右侧指定位置作出正确的剖视图。

6.6 结合俯视图，补画下列剖视图中的漏线。

(1) (2) (3)

6.7 结合俯视图，校核下列剖视图（补画漏线，多余的线画“×”）。

(1) (2) (3) (4)

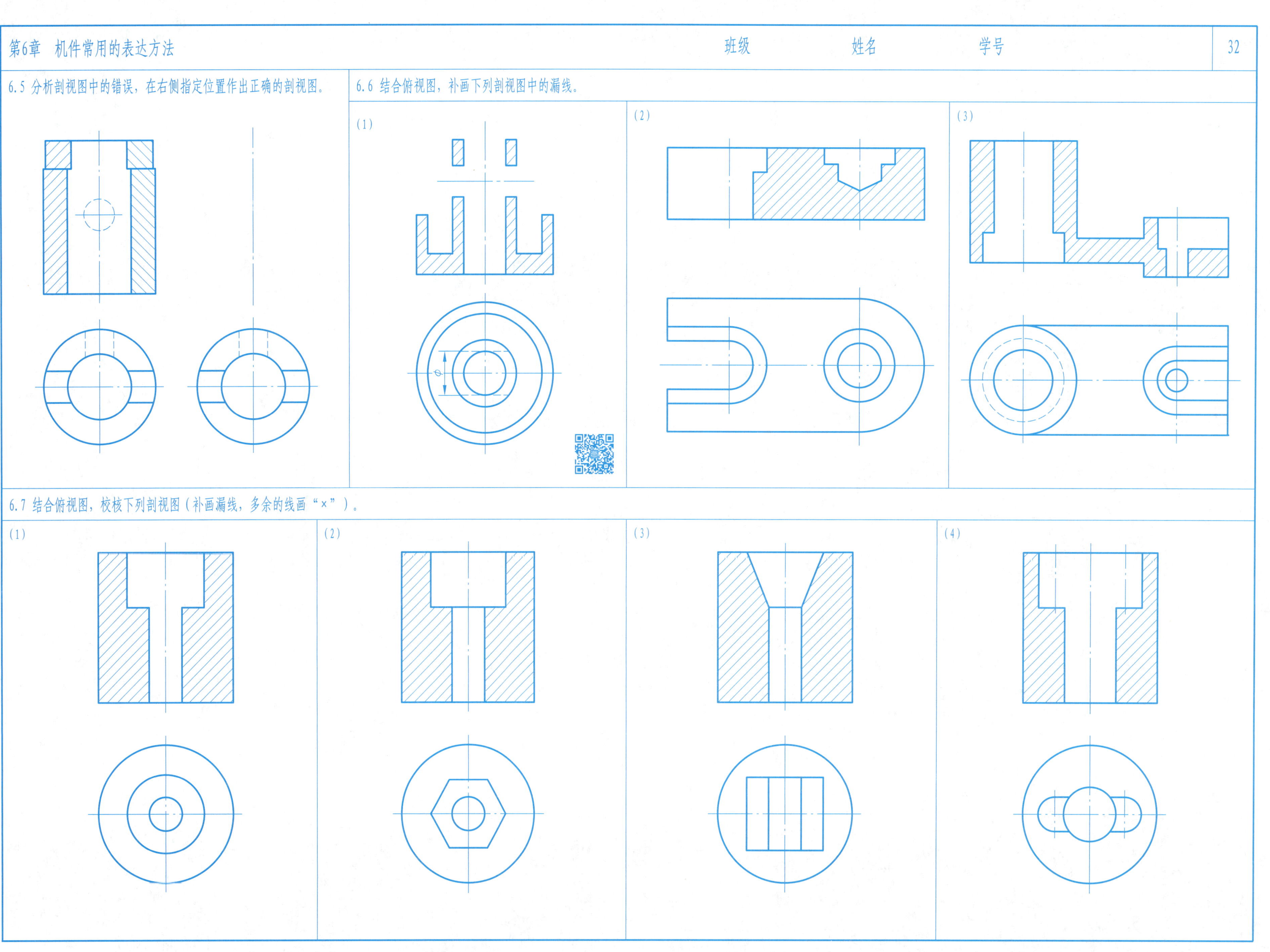

6.8 在指定位置将主视图改画成全剖视图。

6.9 在指定位置画出全剖的主视图。

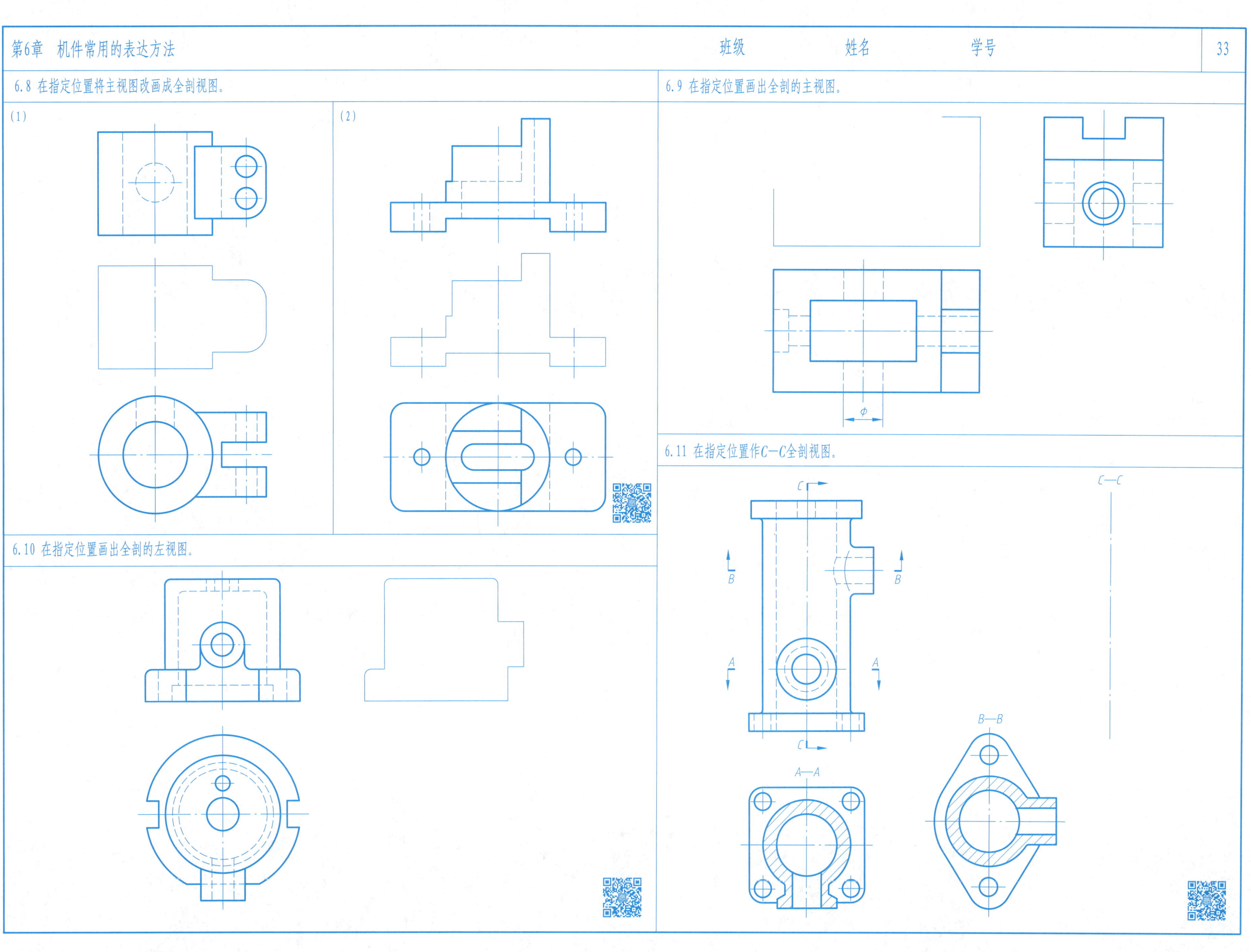

6.10 在指定位置画出全剖的左视图。

6.11 在指定位置作C—C全剖视图。

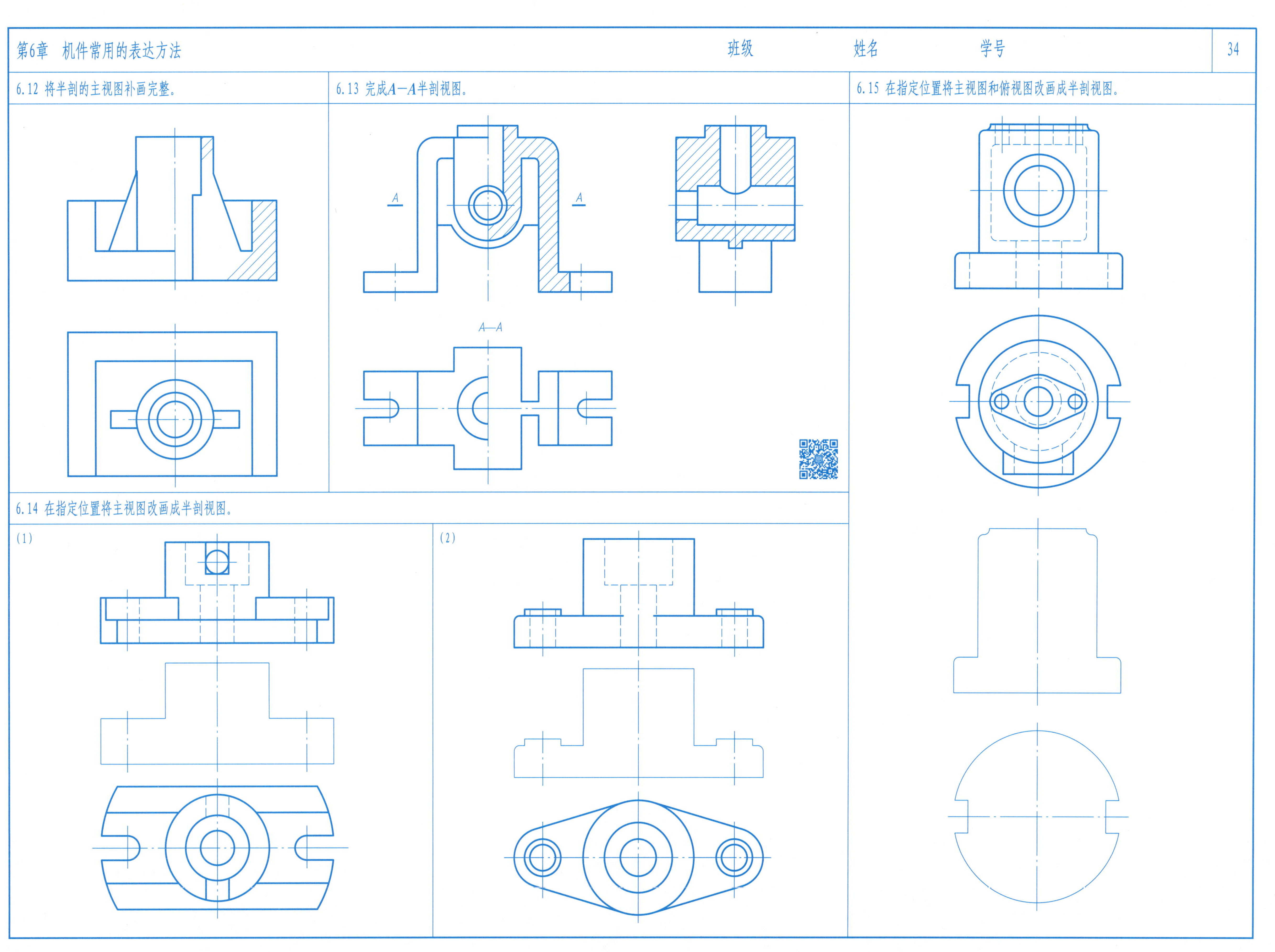
6.12 将半剖的主视图补画完整。
6.13 完成A—A半剖视图。
A
A
A—A
6.15 在指定位置将主视图和俯视图改画成半剖视图。
6.14 在指定位置将主视图改画成半剖视图。
(1)
(2)

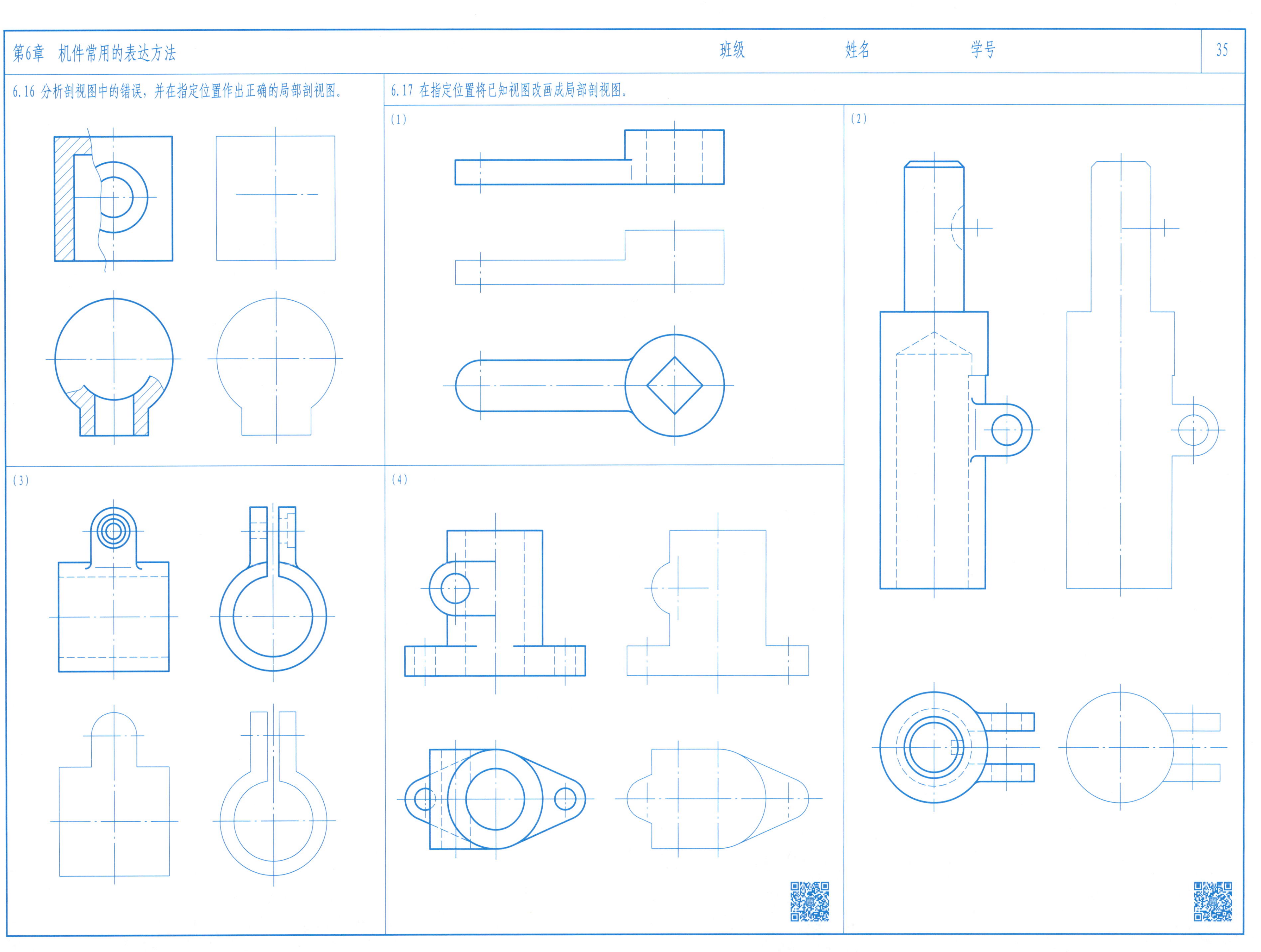
6.16 分析剖视图中的错误，并在指定位置作出正确的局部剖视图。
6.17 在指定位置将已知视图改画成局部剖视图。
(1)
(2)
(3)
(4)

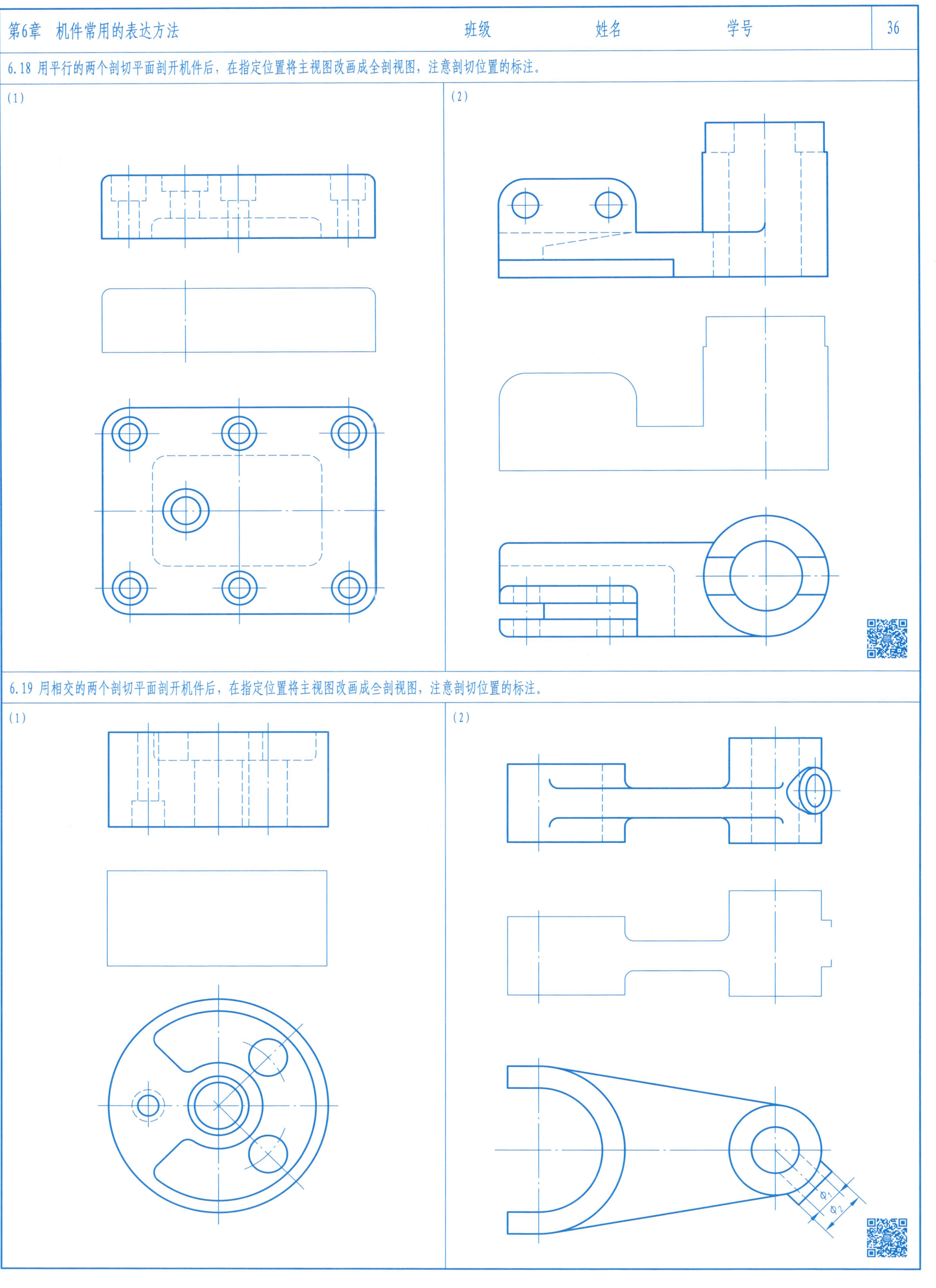

6.18 用平行的两个剖切平面剖开机件后，在指定位置将主视图改画成全剖视图，注意剖切位置的标注。

(1)

(2)

6.19 用相交的两个剖切平面剖开机件后，在指定位置将主视图改画成全剖视图，注意剖切位置的标注。

(1)

(2)

6.20 在指定位置作A—A斜剖视图。

6.21 在指定位置作A—A全剖视图和B—B斜剖视图。

6.22 在指定位置作A—A剖视图。

6.23 在指定位置作A—A剖视图（提示：将剖视图按展开画法绘制）。

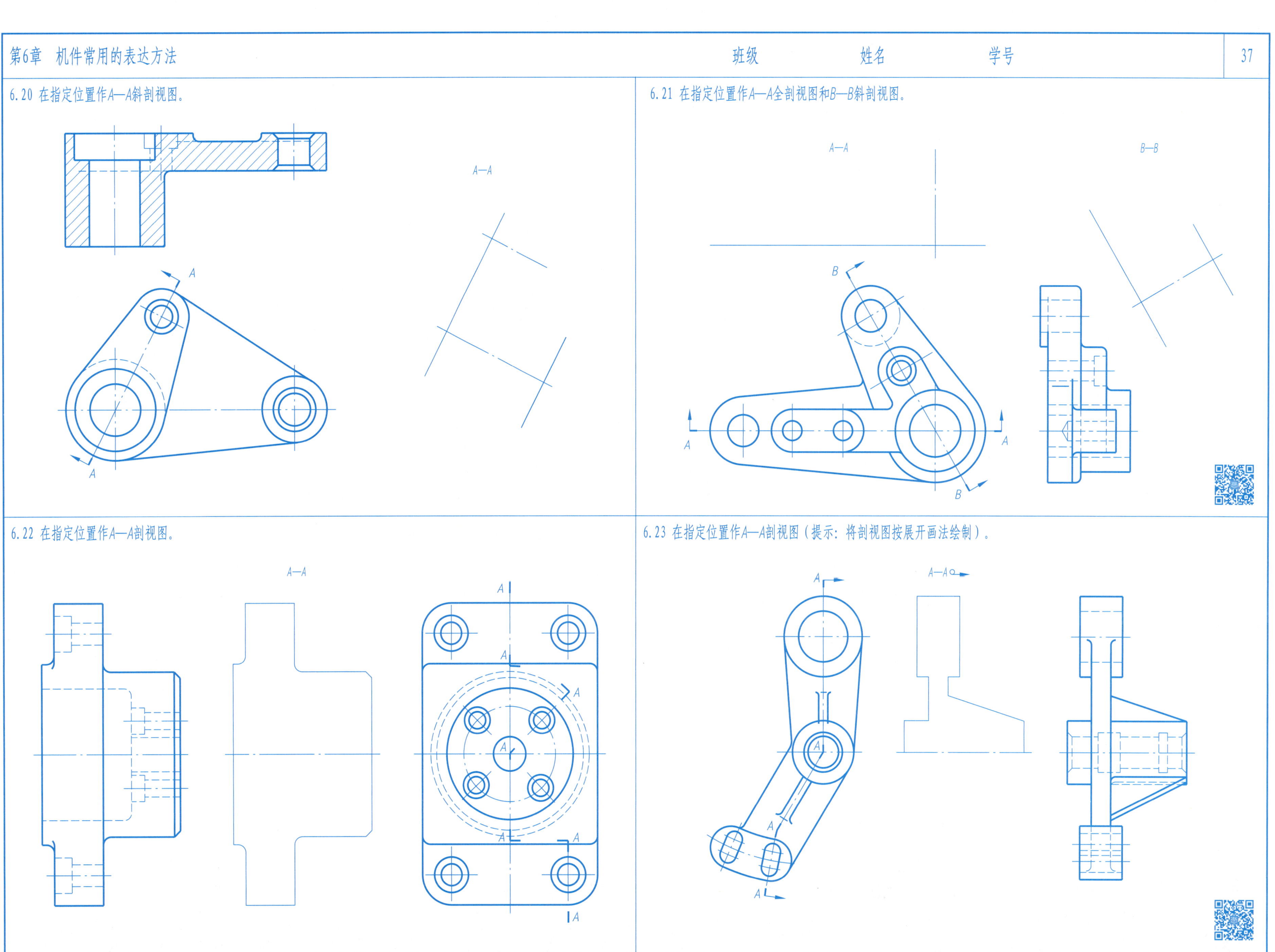

6.24 在两个相交剖切线的延长线上作移出断面图。

(1)

(2)

6.25 作出指定位置的断面图（左侧键槽深4 mm，右侧键槽深3 mm）。

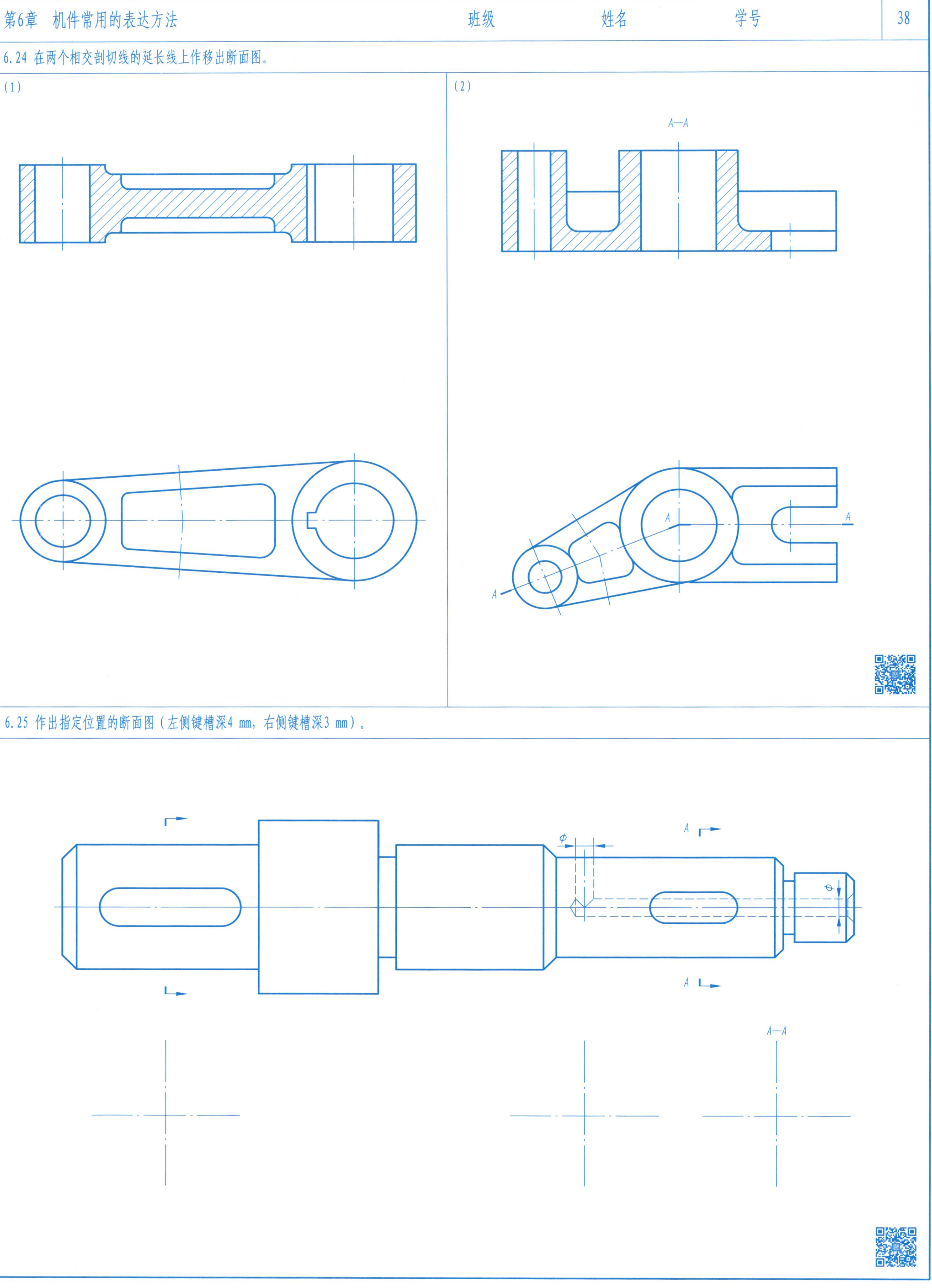

6.26 综合运用本章所学内容，根据轴测图和俯视图上所注的尺寸，按1：1的比例在A3图纸上正确、合理地表达机件。

(1)

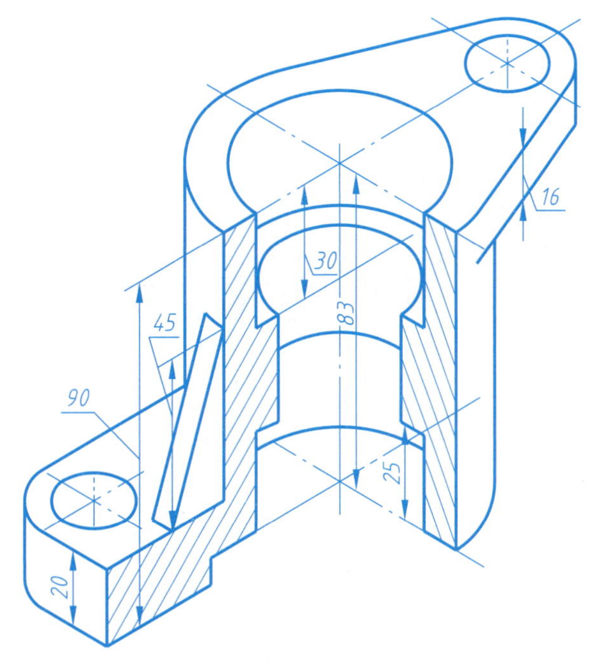

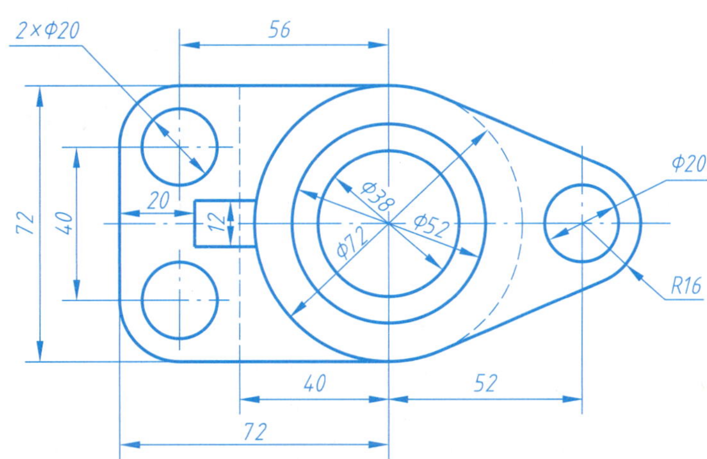

(2)

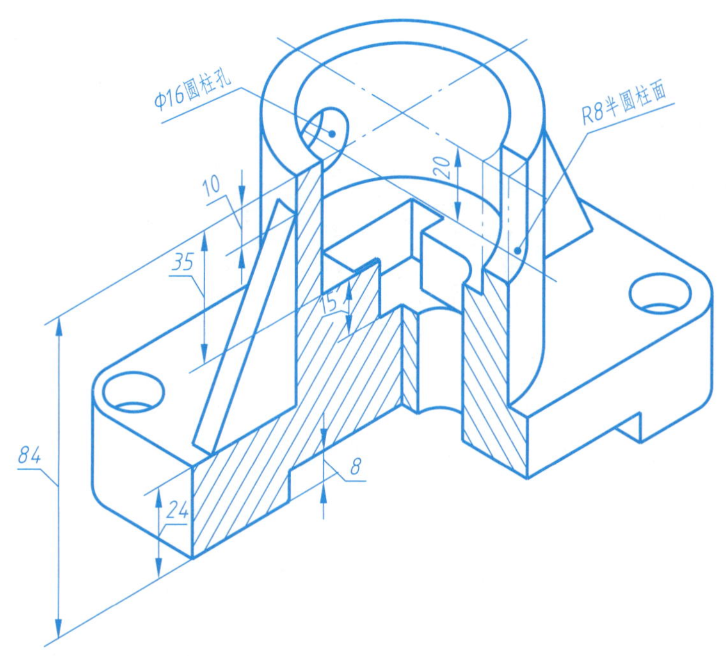

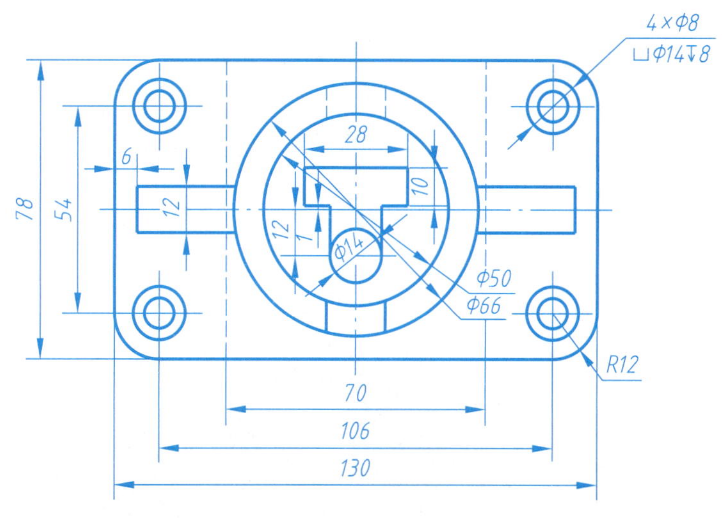

机件表达的综合应用

一、目的、内容与要求

1. 目的：能综合运用本章所学知识，合理表达机件；
2. 内容：根据机件的已知视图，想象机件的内、外结构形状，重新选择正确、合理的表达方案表达机件，并标注尺寸；
3. 要求：选择的表达方案应综合运用各种视图、剖视图或断面图等，正确、合理、简单明了地将机件的内、外形状表达清楚。

二、图名、图幅、比例

1. 图名：机件表达综合运用；
2. 图幅：A3图纸；
3. 比例：（按题目要求）。

三、绘图步骤与注意事项

1. 对照已知视图，想象机件内、外结构形状；
2. 分析机件内、外结构特点，选择合适的表达方案；
3. 根据所选择的表达方案，合理布置图纸幅面；
4. 依次绘制图形，标注尺寸，完成底稿；
5. 整理图形，加深可见轮廓等；
6. 添加标题栏及标题栏内的相关内容，完成作图。

6.27 根据所给视图，在A3图纸上用1∶2的比例重新表达机件，并标注尺寸。

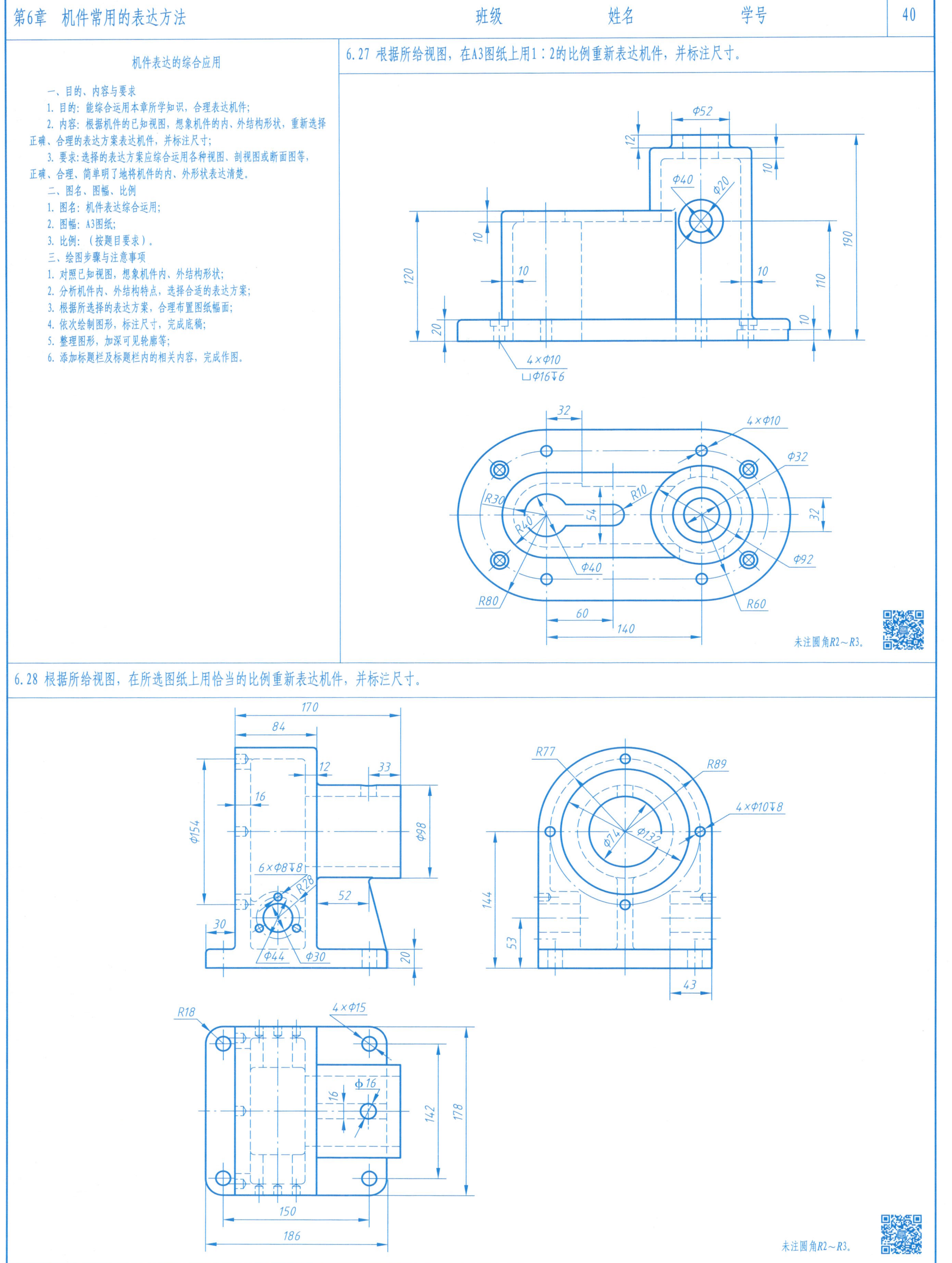

6.28 根据所给视图，在所选图纸上用恰当的比例重新表达机件，并标注尺寸。

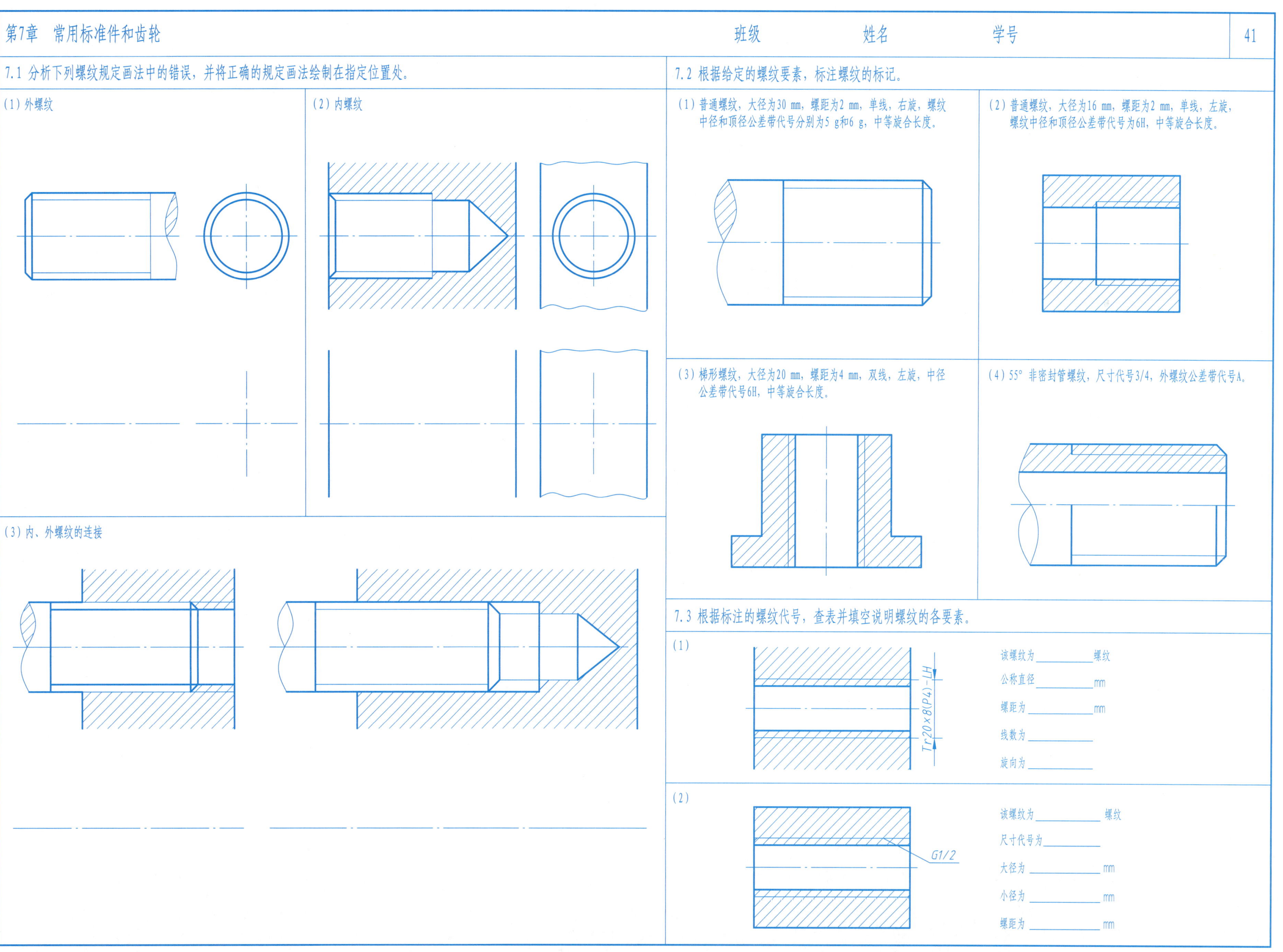

第7章 常用标准件和齿轮
班级
姓名
学号
41
7.1 分析下列螺纹规定画法中的错误，并将正确的规定画法绘制在指定位置处。
(1) 外螺纹
(2) 内螺纹
(3) 内、外螺纹的连接
7.2 根据给定的螺纹要素，标注螺纹的标记。
(1) 普通螺纹，大径为30 mm，螺距为2 mm，单线，右旋，螺纹中径和顶径公差带代号分别为5 g和6 g，中等旋合长度。
(2) 普通螺纹，大径为16 mm，螺距为2 mm，单线，左旋，螺纹中径和顶径公差带代号为6H，中等旋合长度。
(3) 梯形螺纹，大径为20 mm，螺距为4 mm，双线，左旋，中径公差带代号6H，中等旋合长度。
(4) 55° 非密封管螺纹，尺寸代号3/4，外螺纹公差带代号A。
7.3 根据标注的螺纹代号，查表并填空说明螺纹的各要素。
(1)
Tr20×8(P4)-LH
该螺纹为________螺纹
公称直径________mm
螺距为________mm
线数为________
旋向为________
(2)
G1/2
该螺纹为________螺纹
尺寸代号为________
大径为________mm
小径为________mm
螺距为________mm

7.4 查表确定下列各紧固件的尺寸，并写出其规定标记。

（1）六角头螺栓（GB/T 5780—2016）

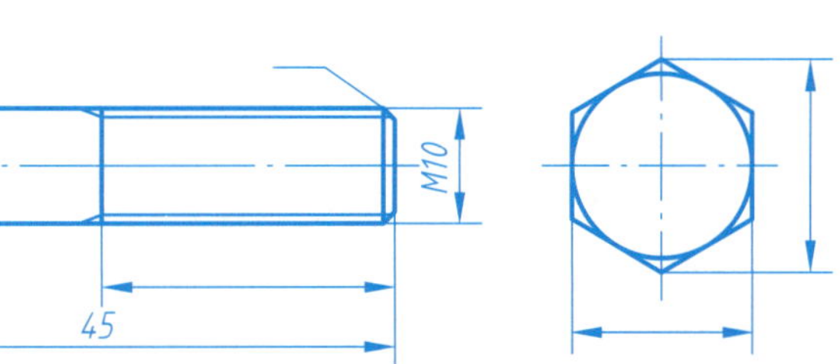

规定标记________________

（2）双头螺柱（GB/T 897—1988）

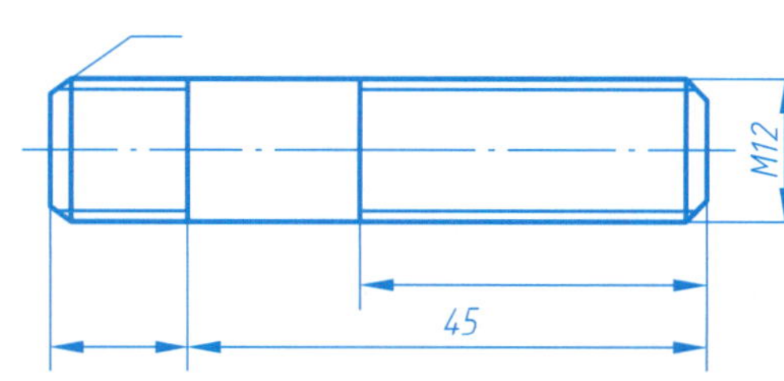

规定标记________________

（3）开槽沉头螺钉（GB/T 68—2016）

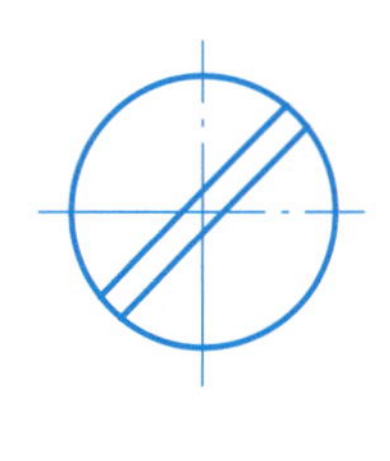

规定标记________________

（4）开槽长圆柱端紧定螺钉（GB/T 75—2018）

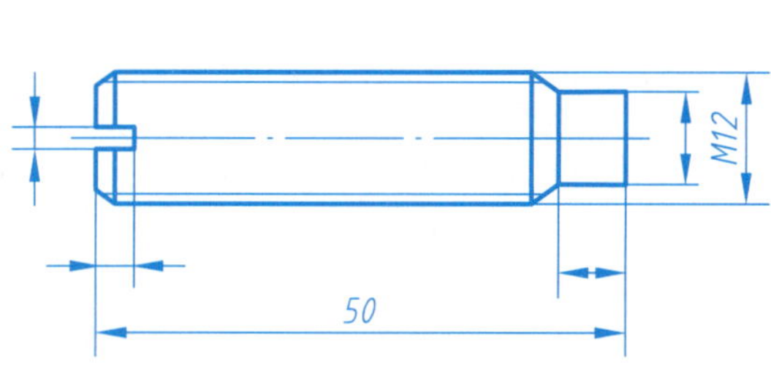

规定标记________________

（5）1型六角螺母C级（GB/T 41—2016）

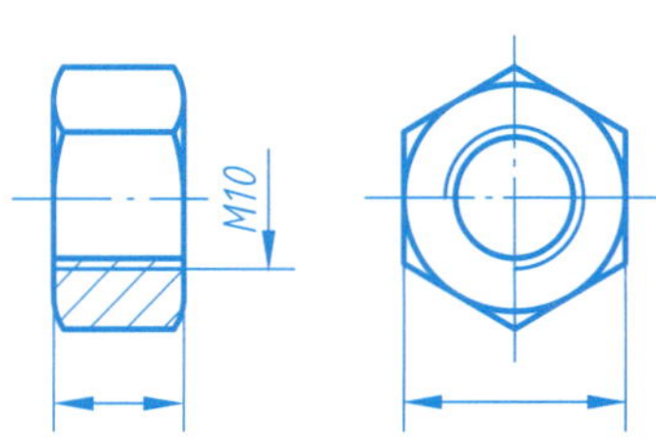

规定标记________________

（6）平垫圈A级（公称直径为12 mm）（GB/T 97.1—2002）

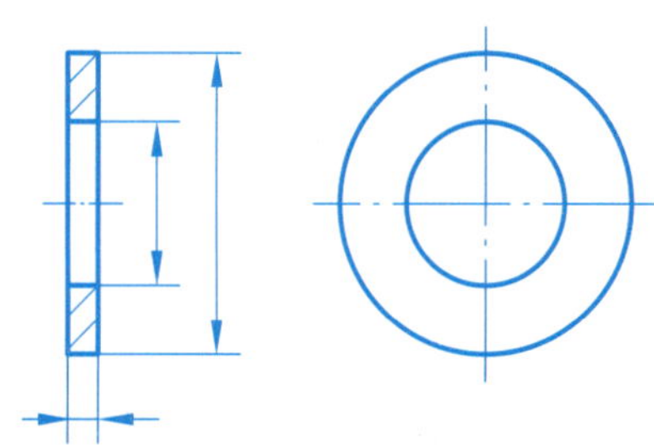

规定标记________________

7.5 查表画出下列螺纹紧固件，并注出螺纹的公称直径与螺栓、螺钉的长度L。

（1）已知螺栓 GB/T 5780—2016 M12×60，轴线水平放置，头部朝左，画主、左两视图。

（2）已知螺母 GB/T 6170—2015 M20，轴线水平放置，画主、左两视图。

（3）已知开槽盘头螺钉 GB/T 67—2016 M10×60，轴线水平放置，头部朝左，画主、左两视图。

7.6 分析螺栓连接三视图中的错误，补全视图中所缺的漏线。

7.7 分析螺钉连接两视图中的错误，并在右侧补全正确图样。

7.9 已知螺钉GB/T 67—2016 M8×40，作出连接后的主、俯视图（比例2∶1）。

7.8 已知螺柱GB/T 898—1988 M16×40，螺母GB/T 6170—2015 M16，垫圈GB/T 97.1—2002 16，用近似画法作出连接后的主、左视图（比例1∶1）。

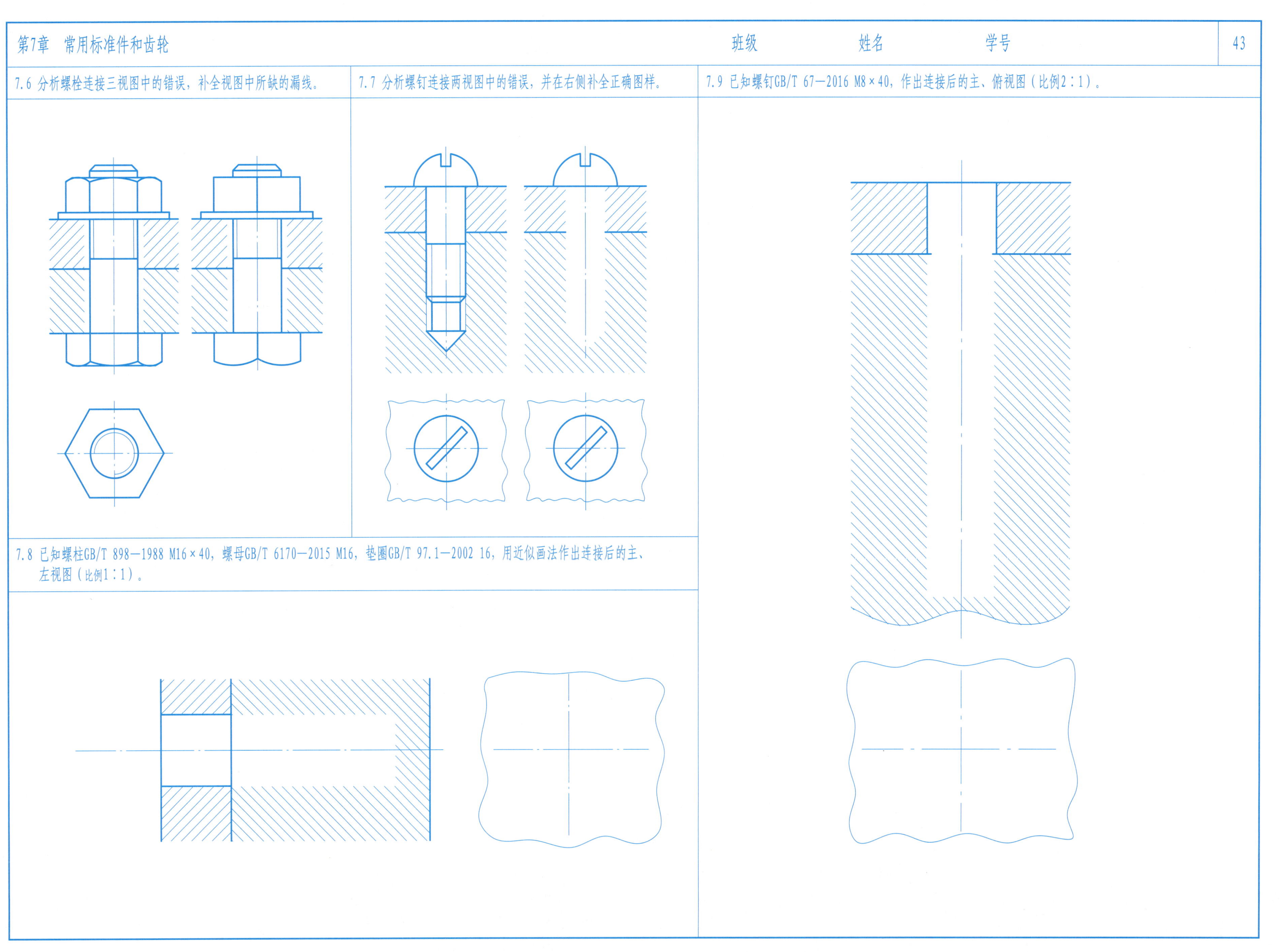

7.10 已知直齿圆柱齿轮模数m=5 mm，齿数z=40，试计算该齿轮的分度圆、齿顶圆和齿根圆的直径。用1∶2的比例完成下列两视图,并注尺寸（轮齿倒角为C1.5 ）。

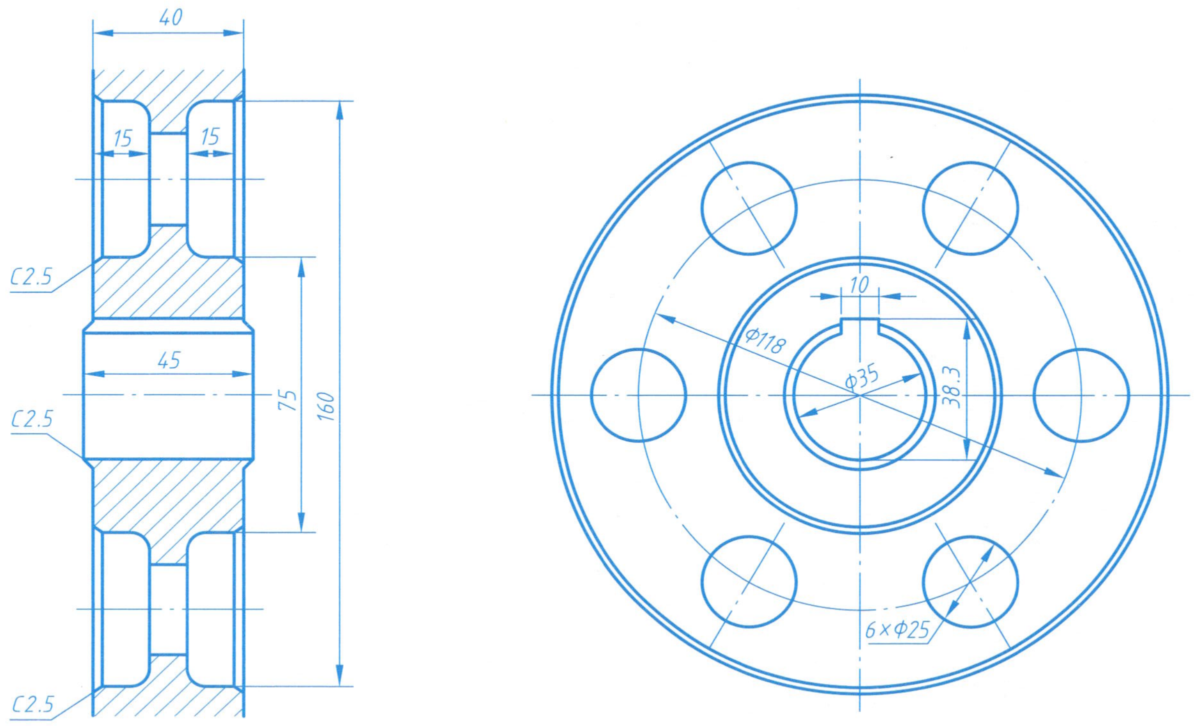

7.11 已知大齿轮模数m=4 mm，齿数z_1=38，两齿轮中心距A=120 mm，试计算大、小两齿轮分度圆、齿顶圆和齿根圆的直径。用1∶2的比例完成下列直齿圆柱齿轮的啮合图。

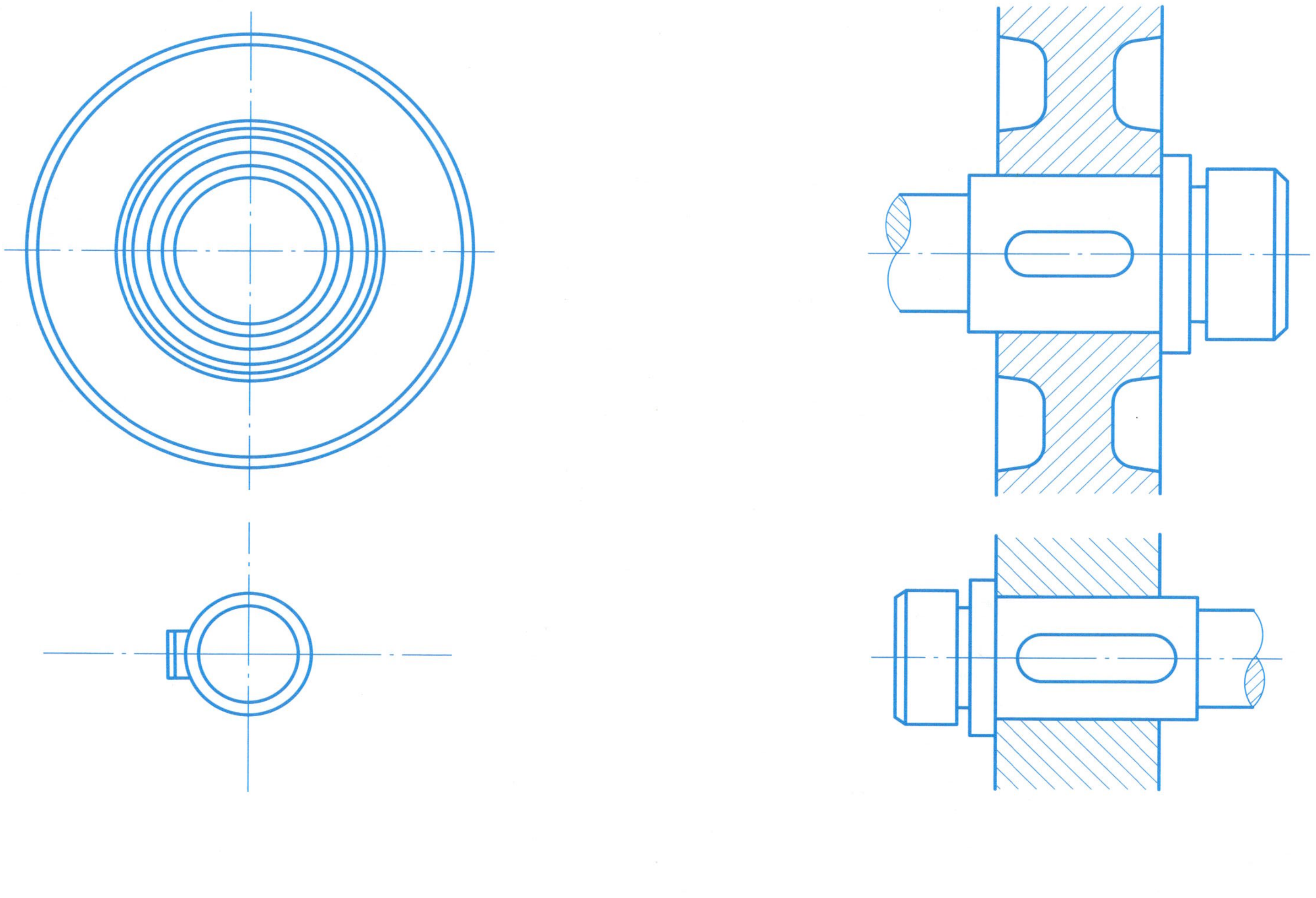

7.12 已知齿轮和轴用A型普通平键连接。轴孔直径为40 mm，键的长度为40 mm，宽度为12 mm，高度为8 mm。要求：

(1) 写出键的规定标记。键的规定标记 ________________

(2) 查表确定键和键槽的尺寸，用1∶2的比例画全下列各视图和断面图，并标注键槽的尺寸。

(a) 轴

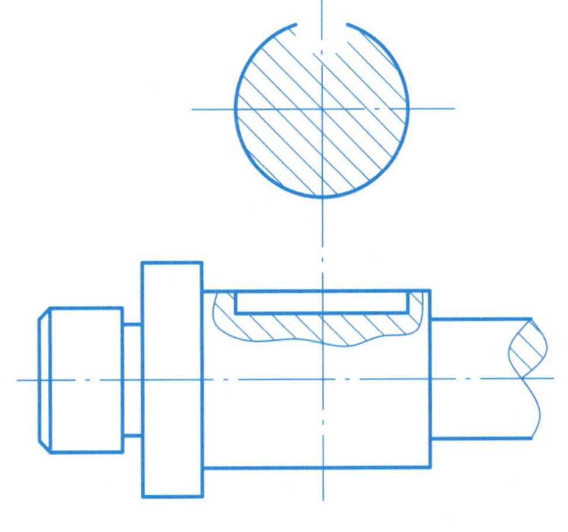

(b) 齿轮

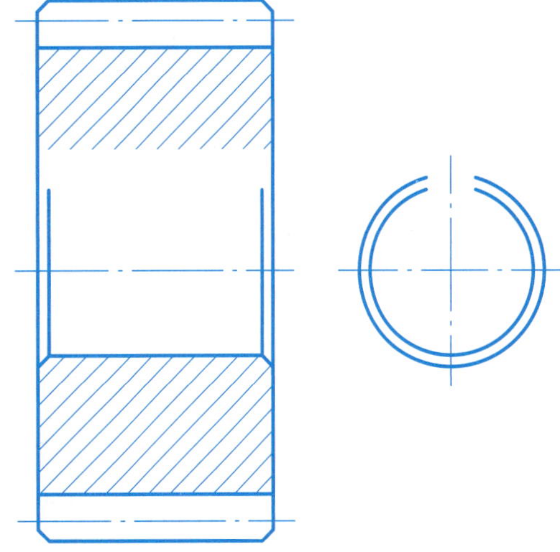

(c) 齿轮和轴

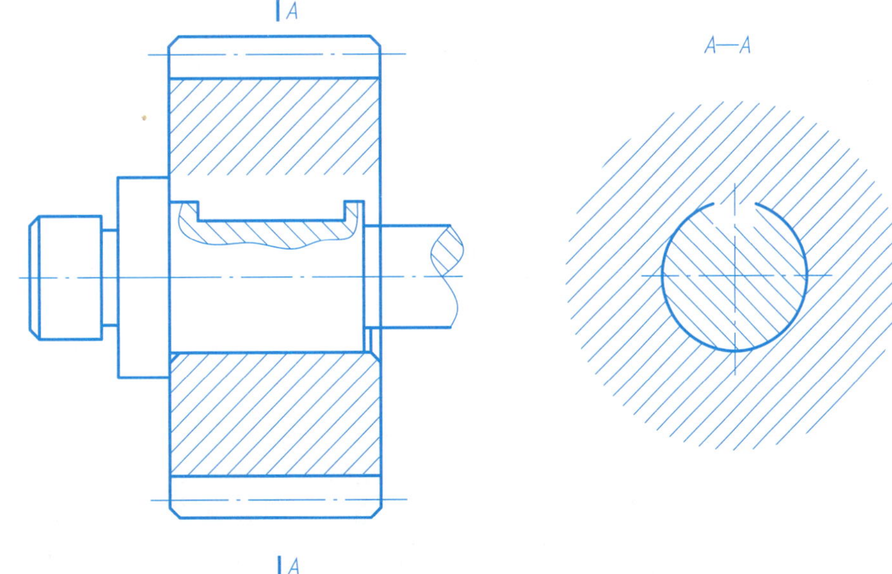

7.13 已知阶梯轴两端支承轴段处的直径分别为25 mm和15 mm，用1∶1的比例画出支承处的滚动轴承（规定画法）。

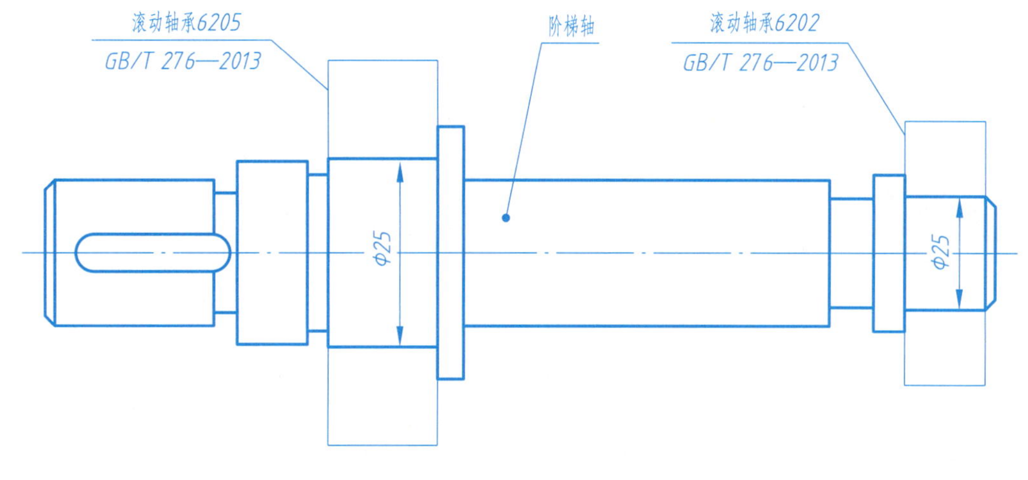

7.14 已知圆柱螺旋压缩弹簧的簧丝直径d=5 mm，弹簧外径D_2=55 mm，节距t=10 mm，有效圈数n=7，支承圈数n_z=2.5，右旋。用1∶1的比例画出弹簧的全剖视图。

8.1 根据装配图的配合尺寸，在零件图中注出公称尺寸和上、下极限偏差数值，并在下面填空说明属何种配合制度和配合类别。

(1) 齿轮与轴配合采用基________制，孔与轴是________配合。

(2) 圆柱销与销孔的配合采用基________制，销与孔是________配合。

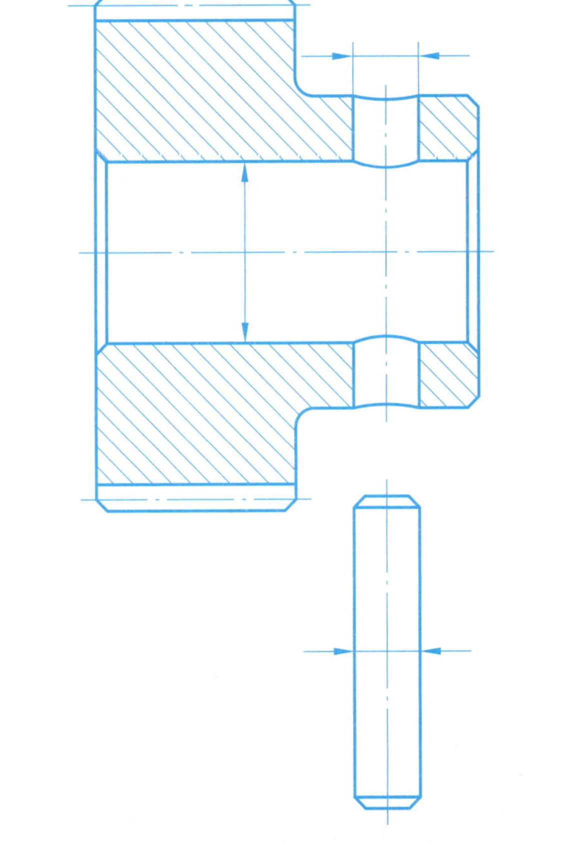

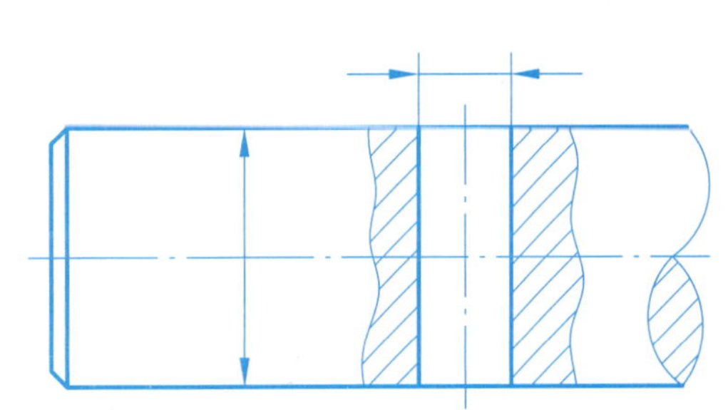

8.2 根据如下选定的基本偏差和公差等级，在图a、d中标注公称尺寸及公差带代号，并查表确定相应的上、下极限偏差数值标注在图b、c、e、f中。

(1) 减速器箱孔和透盖配合处的公称尺寸为$\phi 72$，选用公差等级为8级的基准孔与基本偏差代号为f、公差等级为7级的透盖组成间隙配合。注出公差带代号及上、下极限偏差数值。

(2) 减速器甩油环和轴径配合处的公称尺寸为$\phi 35$，选用公差等级为9级的基准孔与基本偏差代号为d、公差等级为9级的轴组成间隙配合，注出公差带代号及上、下极限偏差数值。

透盖
箱盖
轴
填料
甩油环
螺钉
箱体

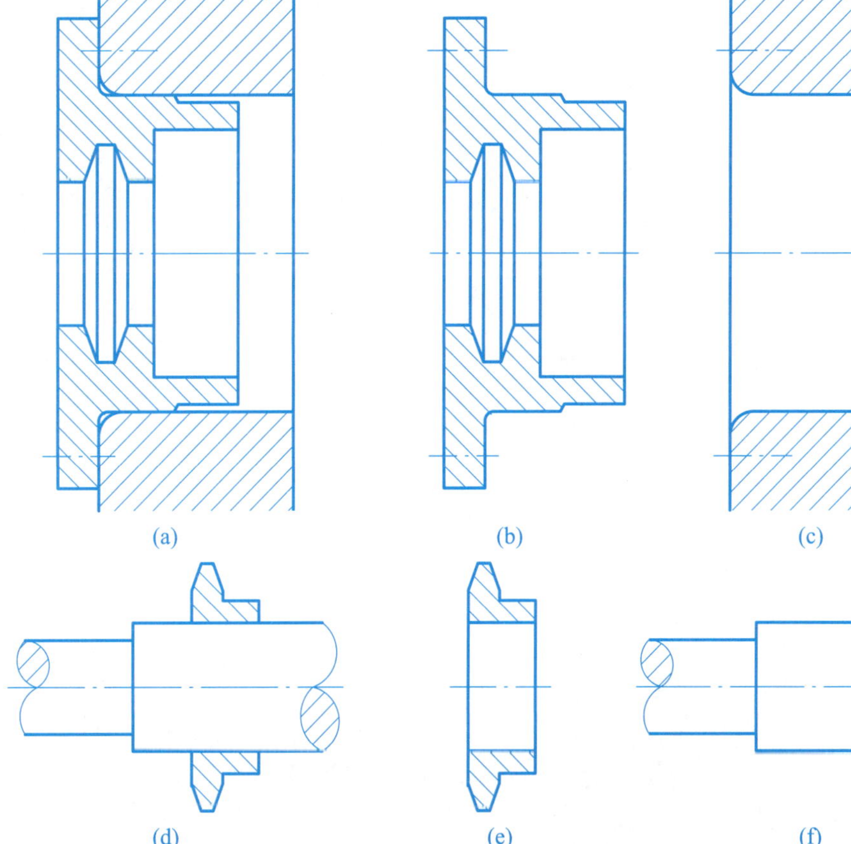

8.3 读零件图，在右下方空白位置处画出主视图外形图。

8.4 读零件图，并在指定位置处画出B—B剖视图。

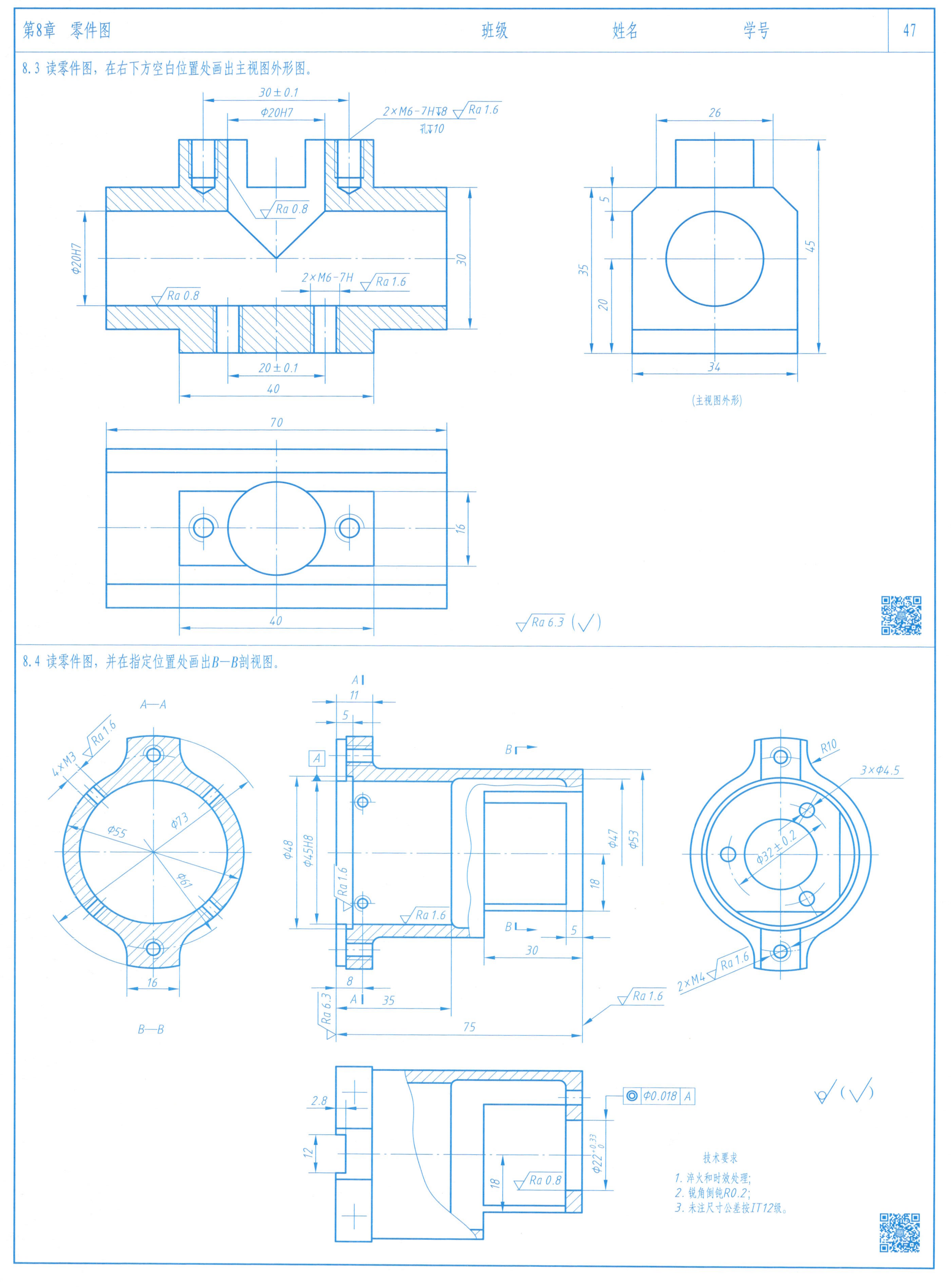

8.5 读主动轴零件图，回答问题并作图。

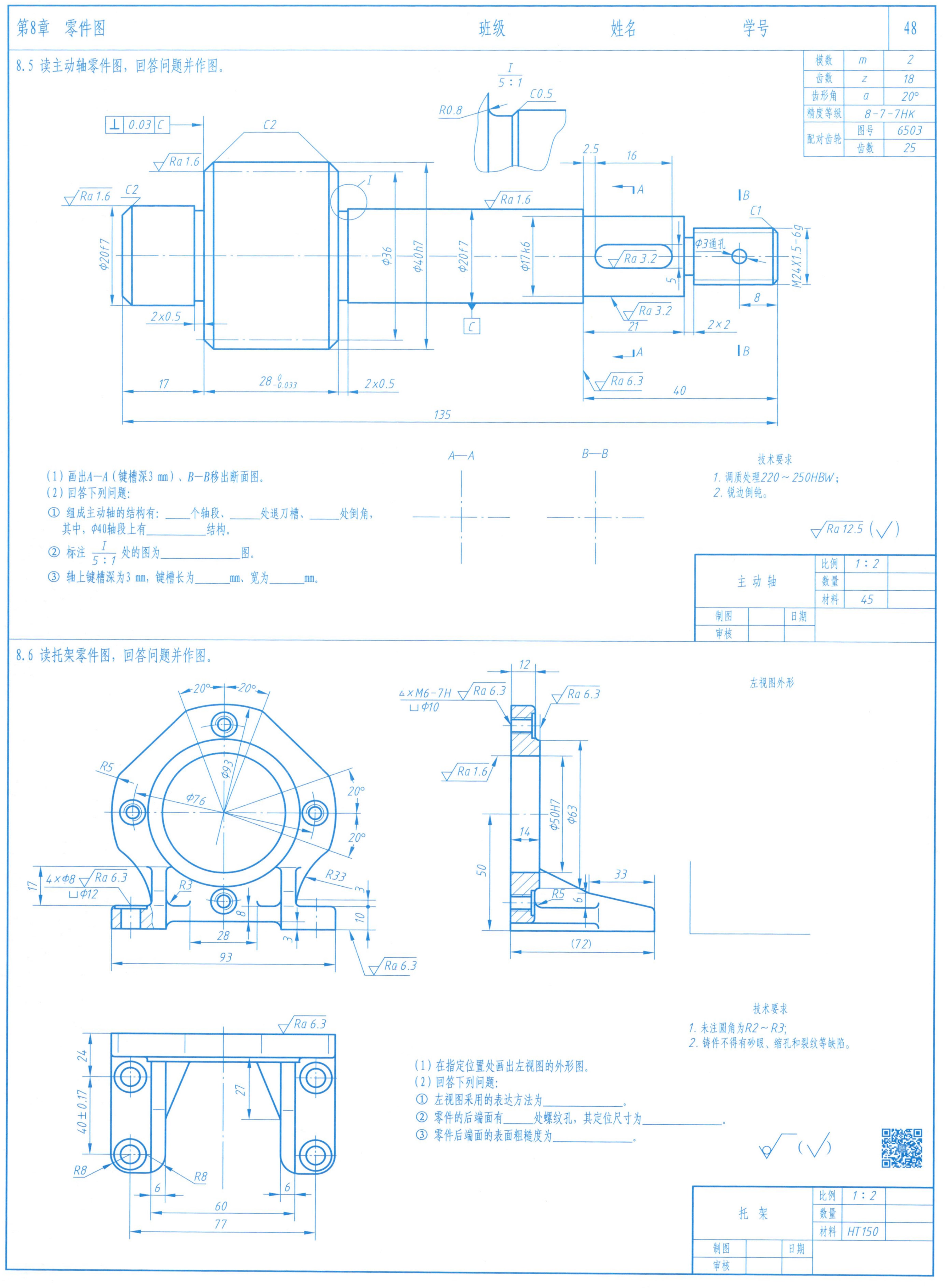

(1) 画出A—A（键槽深3 mm）、B—B移出断面图。

(2) 回答下列问题：

① 组成主动轴的结构有：____个轴段、____处退刀槽、____处倒角，其中，φ40轴段上有________结构。

② 标注 $\frac{I}{5:1}$ 处的图为__________图。

③ 轴上键槽深为3 mm，键槽长为____mm、宽为____mm。

技术要求

1. 调质处理220～250HBW；
2. 锐边倒钝。

8.6 读托架零件图，回答问题并作图。

(1) 在指定位置处画出左视图的外形图。

(2) 回答下列问题：

① 左视图采用的表达方法为__________。

② 零件的后端面有____处螺纹孔，其定位尺寸为__________。

③ 零件后端面的表面粗糙度为__________。

技术要求

1. 未注圆角为R2～R3；
2. 铸件不得有砂眼、缩孔和裂纹等缺陷。

8.7 读懂零件图，要求：(1)读懂视图，包括视图的剖切位置及局部视图；(2)在指定位置画全左视图(外形)；(3)在指定位置画出A—A断面图。

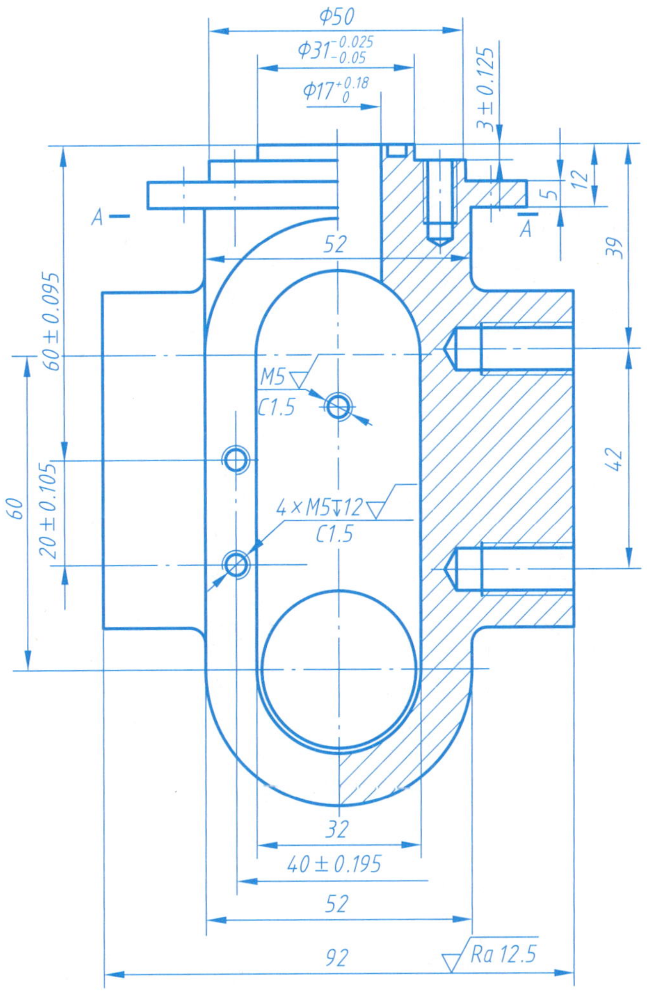

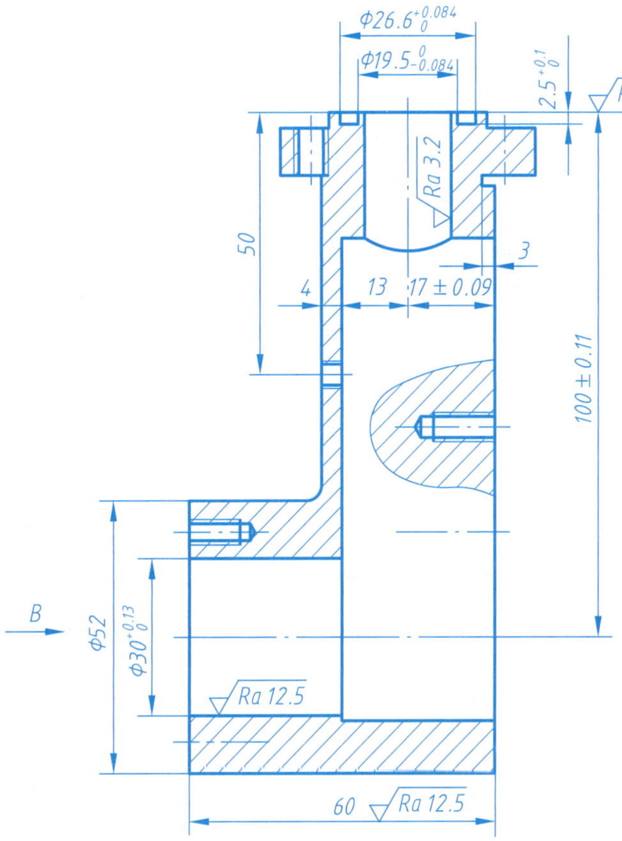

左视图（外形）

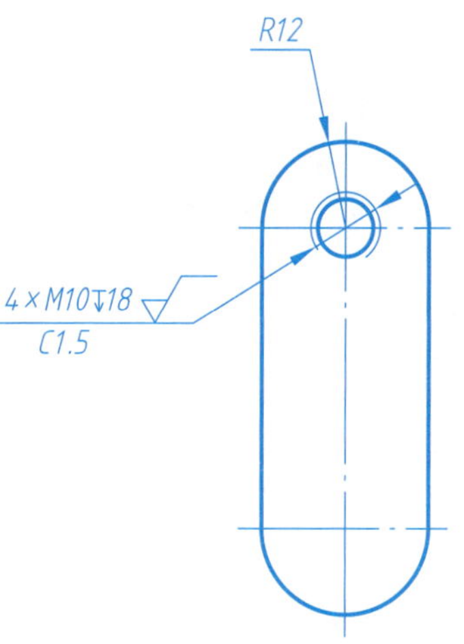

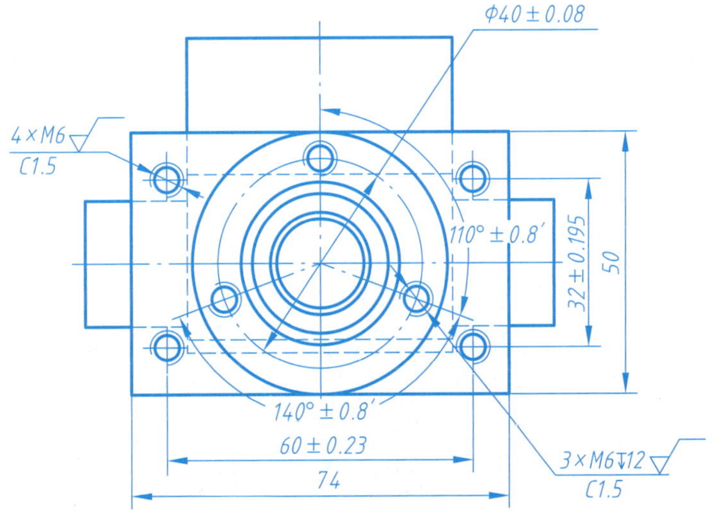

A—A

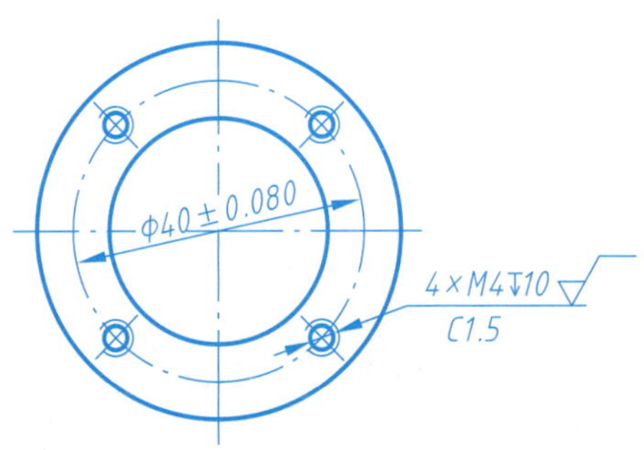

技术要求

1. 未注圆角为R3；
2. 铸件不得有砂眼、缩孔和裂纹等缺陷；
3. 起模斜度1∶50；
4. 除加工表面外，表面涂深灰色皱纹漆；
5. √ = √Ra 6.3。

底 座	比例		
	数量		
	材料	HT200	
制图		日期	
审核			

9.1 根据所给零件图和立体图，拼画出装配图（用A3图纸）。

螺旋千斤顶简介

螺旋千斤顶（如立体图所示）是一种常用的顶压工具。使用时，绞杆穿在螺旋杆顶部孔中，旋动绞杆把螺旋杆从螺套中旋出，顶垫上部就可把重物举起。螺套镶在底座里并用螺钉紧定。在螺旋杆的球面顶部套一个顶垫。为了防止顶垫脱落，在螺旋杆顶部的环形槽中，拧入一紧定螺钉锁住。

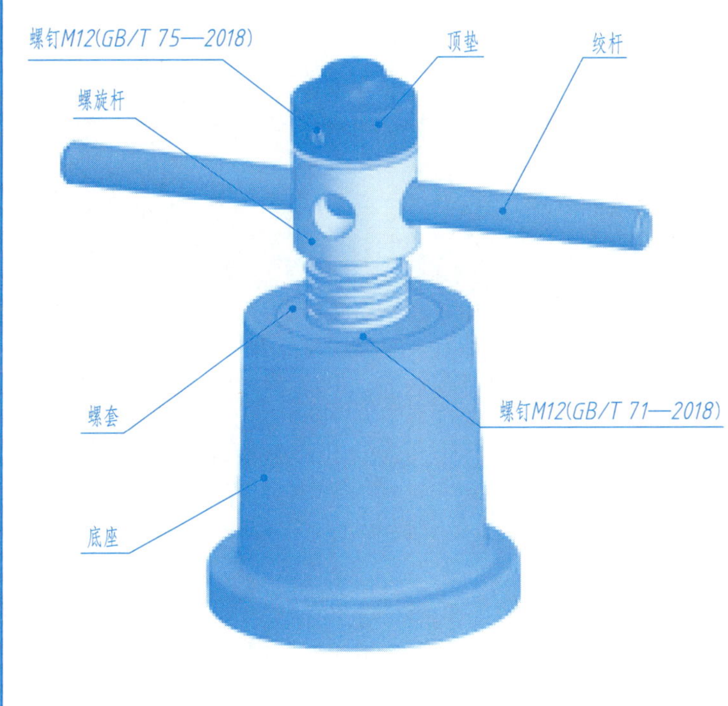

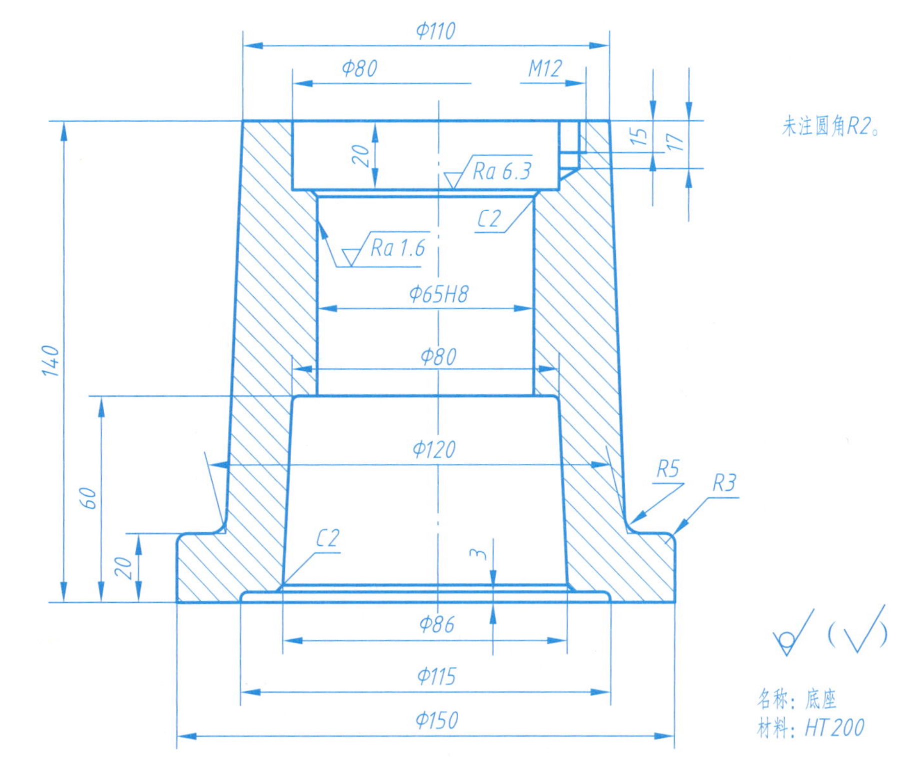

未注圆角R2。

名称：底座
材料：HT200

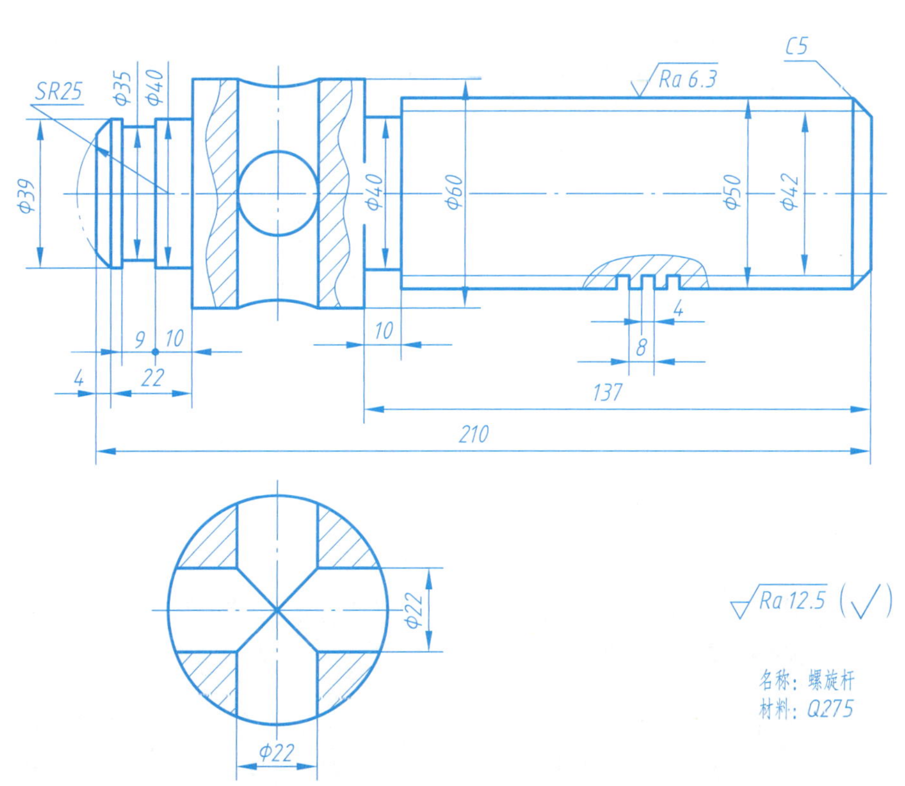

Ra 12.5 (√)

名称：螺旋杆
材料：Q275

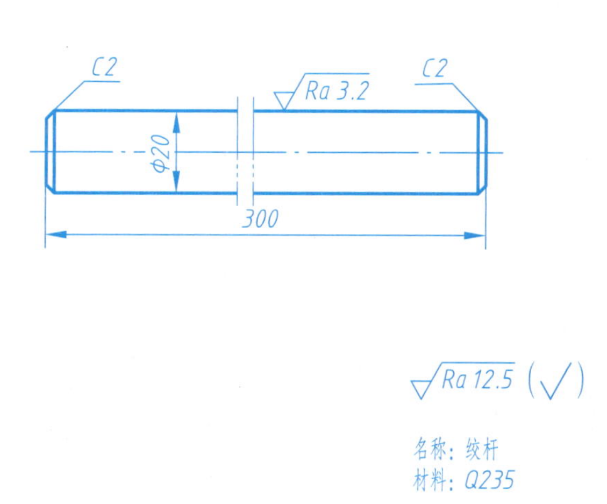

Ra 12.5 (√)

名称：绞杆
材料：Q235

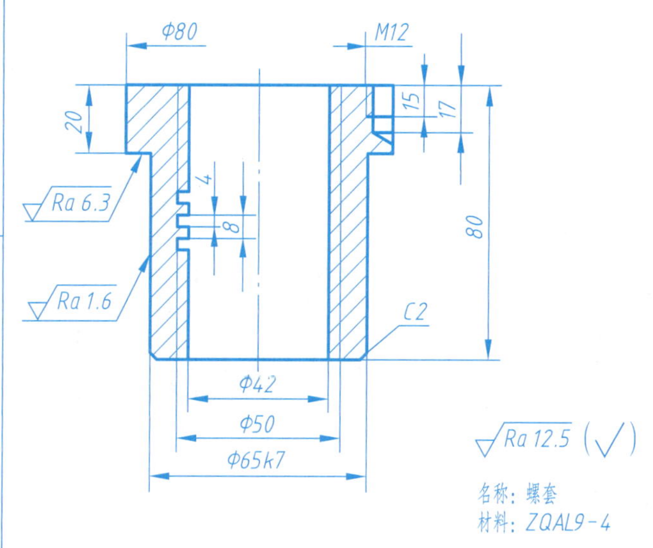

Ra 12.5 (√)

名称：螺套
材料：ZQAL9-4

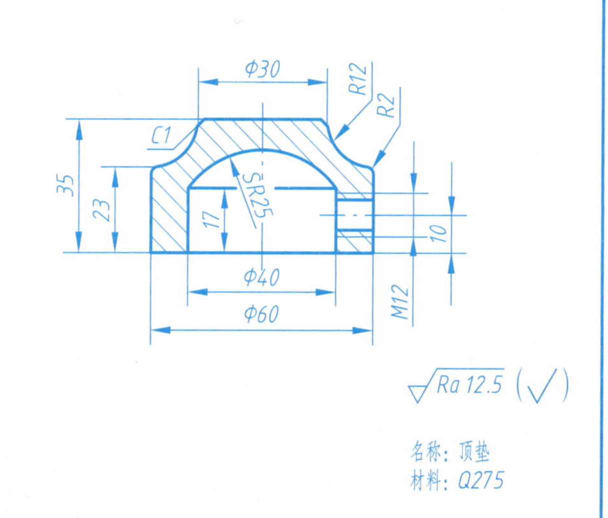

Ra 12.5 (√)

名称：顶垫
材料：Q275

9.2 根据夹紧卡爪装配示意图及成套零件图，绘制其装配图。

夹紧卡爪工作原理

夹紧卡爪是在机床上用来夹紧工件的组合夹具。它由8种零件组成（见右侧的示意图）。

卡爪1底部与基体4凹槽相配合，螺杆2的外螺纹与卡爪的内螺纹连接，螺杆的轴肩被垫铁3卡住，使它只能在基体中转动，而不能沿轴向移动，垫铁用两个螺钉8固定在基体的弧形槽内。为了防止卡爪脱出基体，用前、后两块盖板（5与7）加6个内六角螺钉6连接基体。

当用扳手旋转螺杆2时，靠梯形螺纹传动，使卡爪在基体内左右移动，以便夹紧或松开工件。

基体底部在前后及左右方向的两个凹槽与底板上相应凹槽用键形零件固定，为了固定键，基体底部的前、后、左、右设有4个螺孔，以便用紧定螺钉固定。

夹紧卡爪装配示意图（其中标准零件两种）

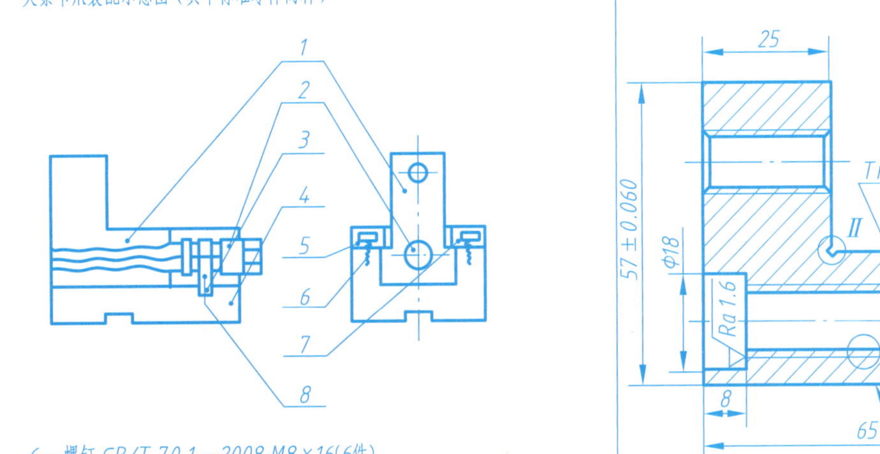

6—螺钉 GB/T 70.1—2008 M8×16(6件)
8—螺钉 GB/T 71—2018 M6×12(2件)

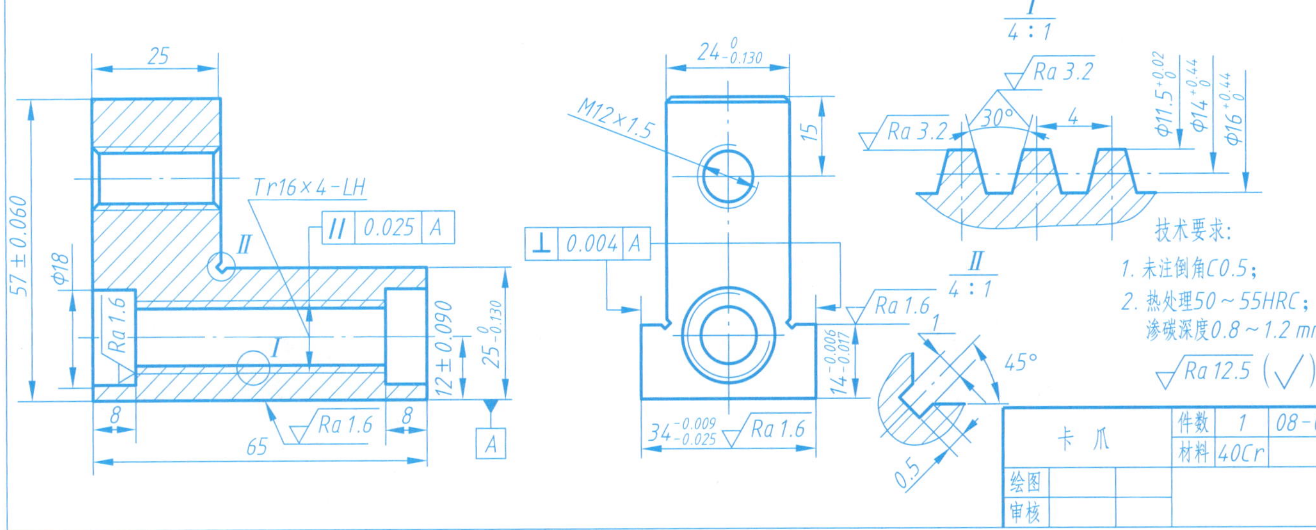

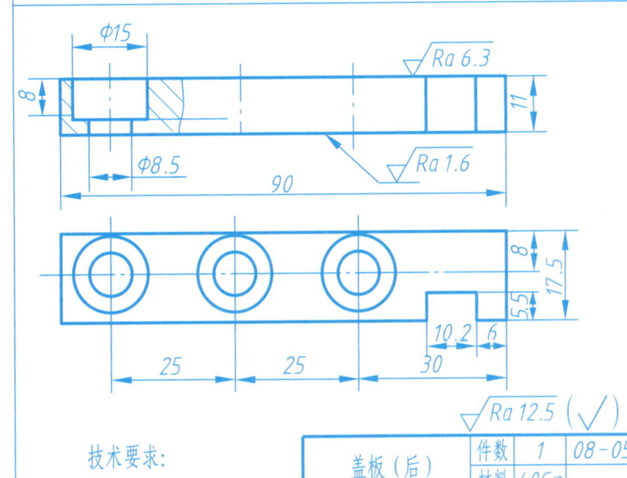

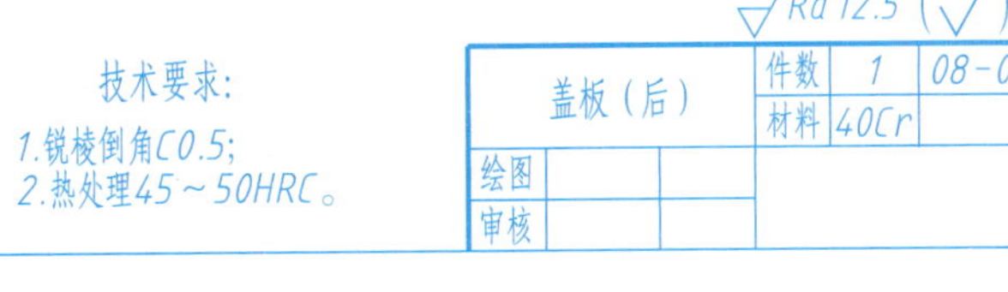

A—A
90 0 -0.081
C—C
2×M6
11
16
14
Ra 1.6
Ra 3.2
Ra 6.3
11
3
32±0.019
7
12 +0.018 0
Ra 1.6
30
B—B
36
D
34 +0.025 0
Ra 1.6
R18
12
14 +0.018 0
11
8
3
7
12 +0.018 0
÷ 0.012 D
60 0 -0.046
技术要求：
1. 未注倒角C0.5；
2. 热处理60～640HRC；
渗碳深度0.8～1.2 mm。
6×M8
B
C
C
8
Φ13
Φ23
A
A
B
B
4×M5
10 +0.090 0
Ra 1.6
8
25
25
30
B
4:1
Ra 3.2
1
45°
Ra 12.5 (√)
基 体
件数 1 08-04
材料 40Cr
绘图
审核

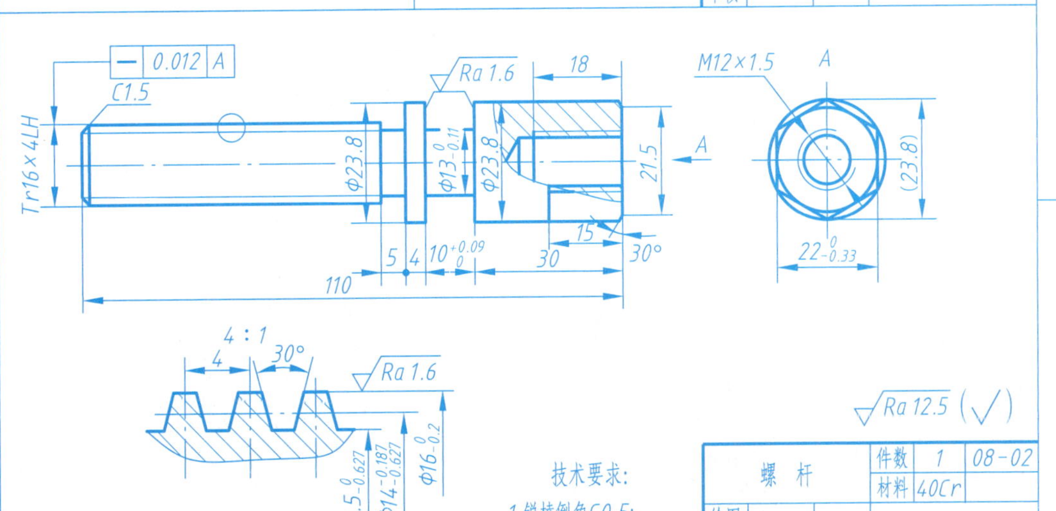

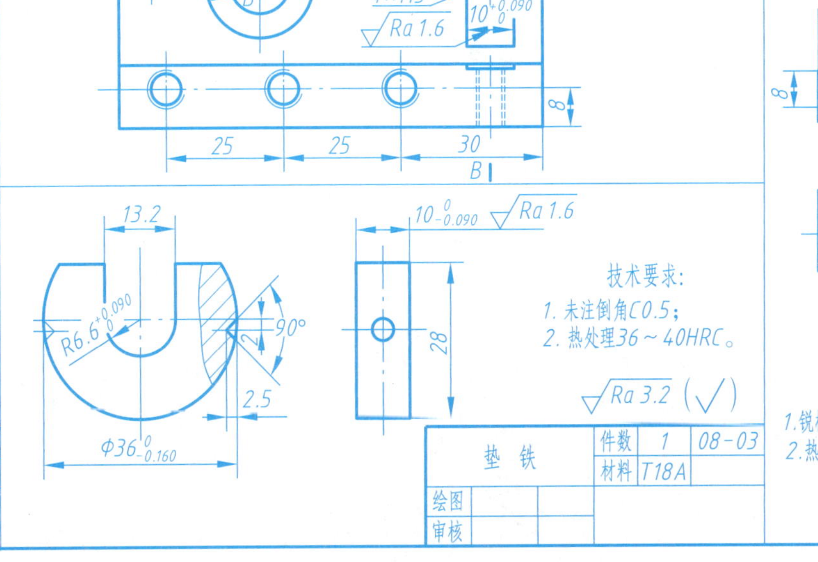

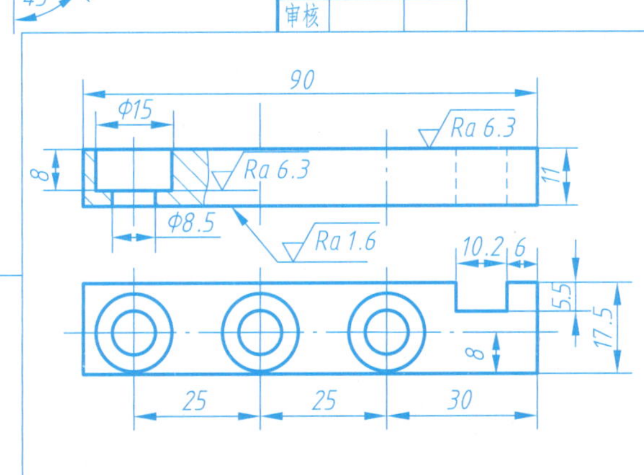

技术要求：
1.锐棱倒角C0.5；
2.热处理36～40HRC。
Ra 12.5 (√)

盖板（前）	件数	1	08-07
	材料	40Cr	
绘图			
审核			

9.3 读微调机构装配图，拆画支座9的零件图。

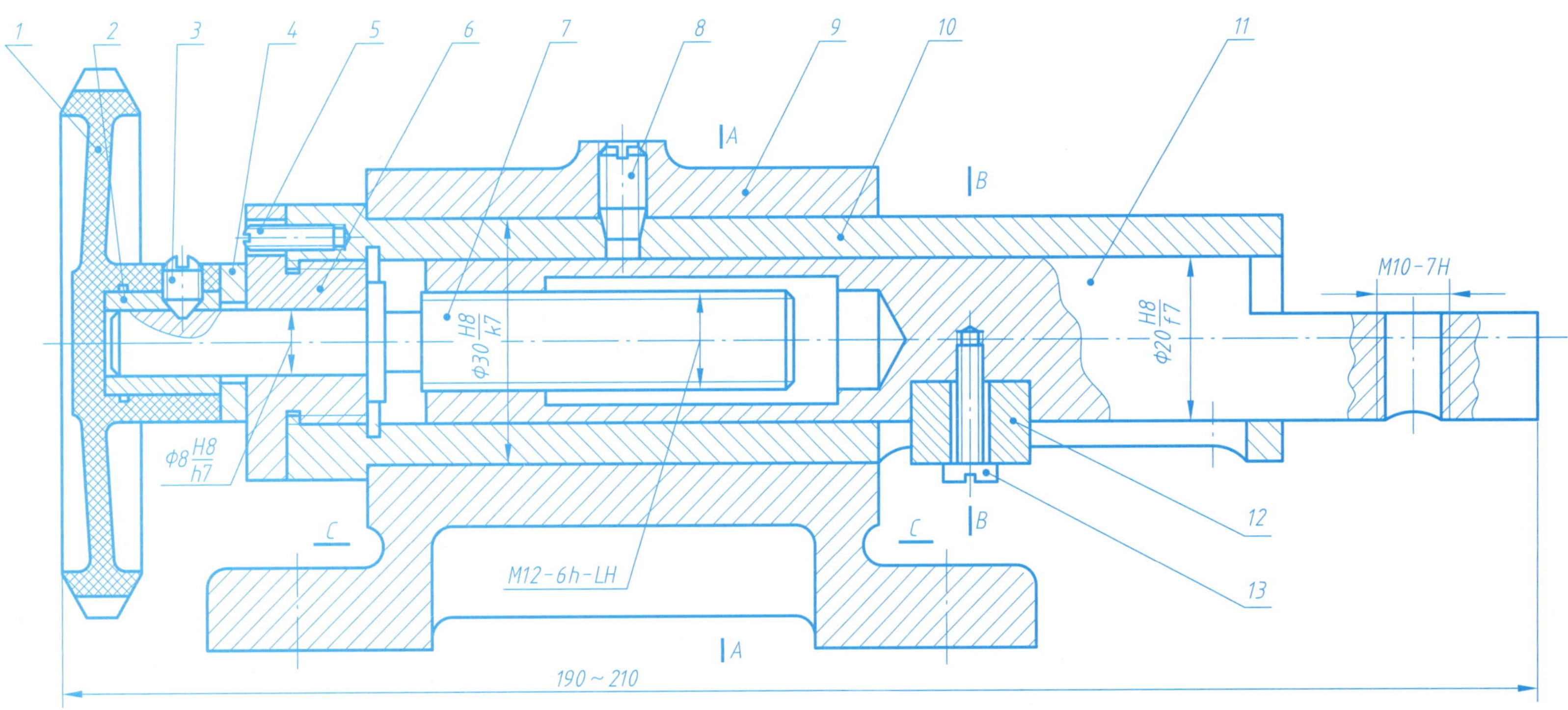

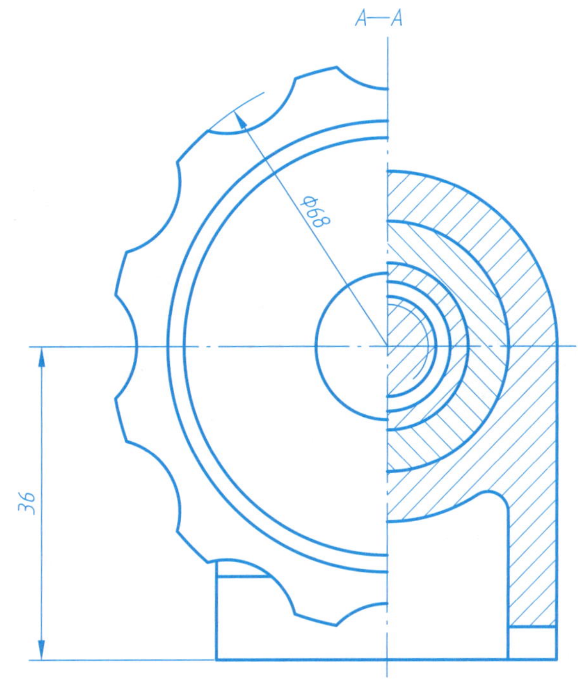

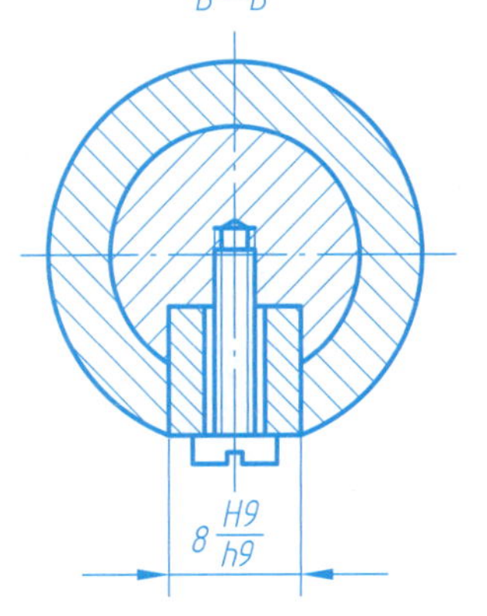

13	螺钉M3×14	1	Q235C	GB/T 65—2016
12	导块	1	Q235C	
11	导杆	1	45	
10	导套	1	45	
9	支座	1	ZL103	
8	螺钉M6×12	1	Q235C	GB/T 75—2018
7	螺杆	1	45	
6	轴套	1	45	
5	螺钉M3×8	1	Q235C	GB/T 73—2017
4	垫圈	1	Q235C	GB/T 848—2002
3	螺钉M5×8	1	Q235C	GB/T 71—2018
2	轴套	1	45	
1	手轮	1	酚醛塑料	
序号	名称	数量	材料	备注

微调机构		比例		
		件数		
制图				
审核				

9.4 读柱塞泵装配图，拆画泵体1的零件图。

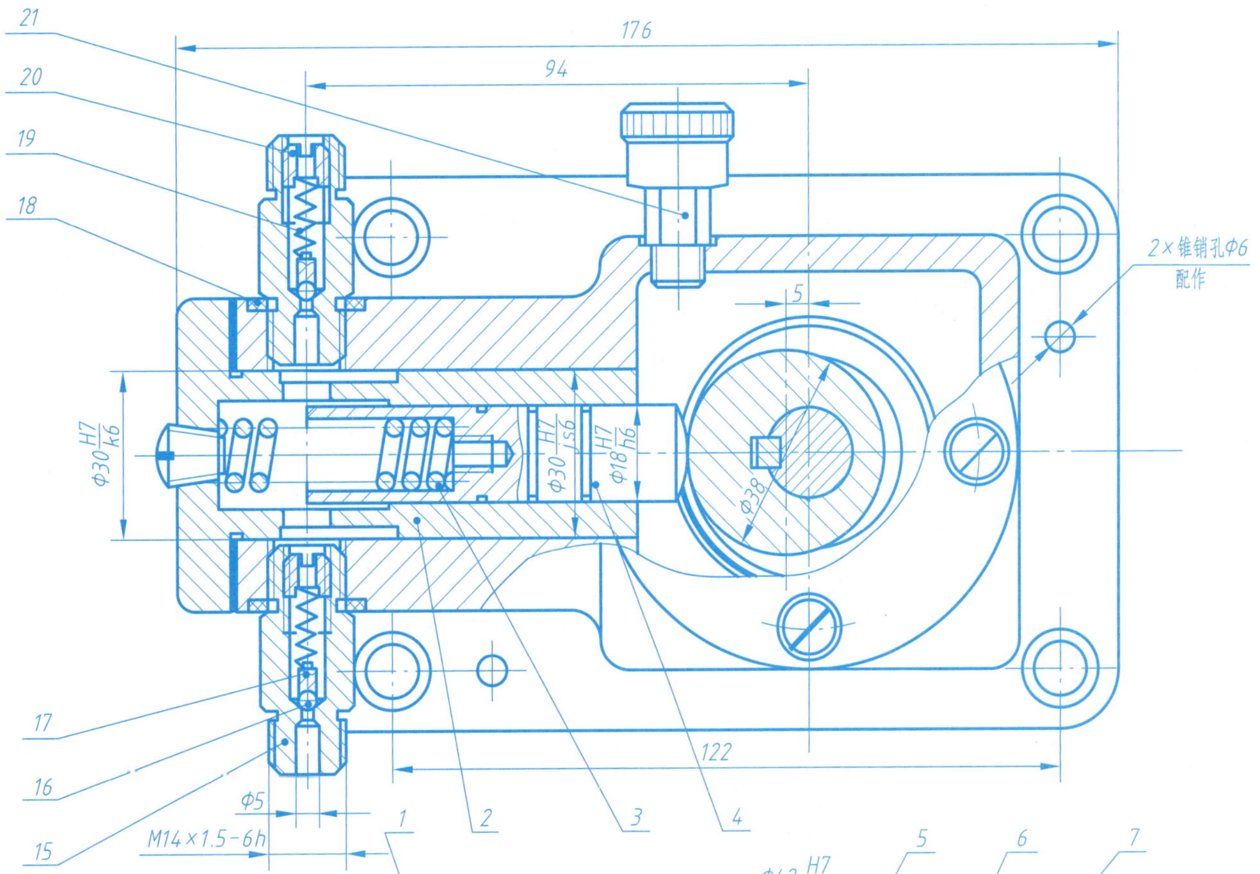

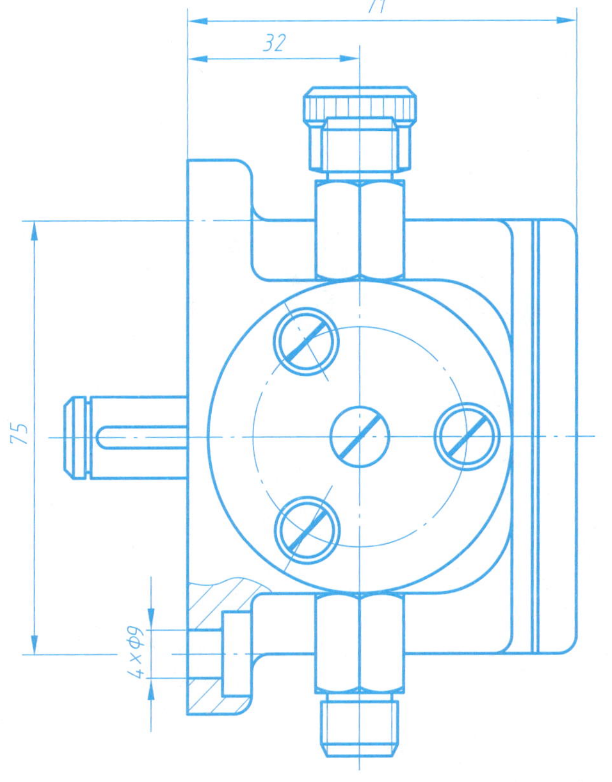

柱塞泵工作原理

柱塞泵利用柱塞的循环往复运动，不断产生吸入和压出过程，从而可以输送流体。

图示柱塞泵的外界动力由轴5输入，带动轴上的偏心凸轮8旋转，柱塞4靠弹簧3的作用与凸轮面保持接触（图中柱塞位于最左的极限位置）。从图示位置开始，凸轮旋转180°时，由于弹簧弹力使柱塞运动达到最右的极限位置，此时泵腔内容积增大，压力减小，油池中的油在大气压力作用下，从左下方顶开单向阀体15内的钢球16进入泵腔。当凸轮再旋转半圈时，柱塞向左运动，泵腔容积逐步减小，压力增大，高压油冲出左上方的单向阀体，流向使用部分。

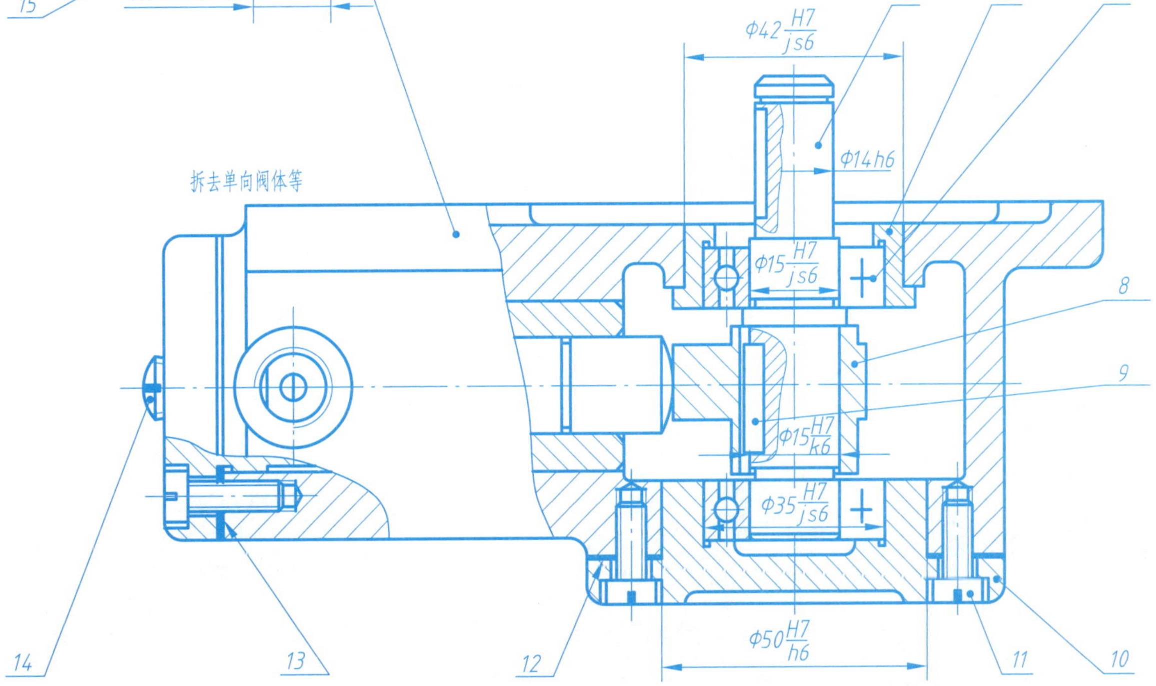

技术要求

1. 柱塞泵工作时，两单向阀体要能一吸一排，如不符合要求，可调整弹簧19，钢球16与阀体接触处应冷压一球痕，保证钢球的定位和关启作用；
2. 部件在0.5 MPa下进行试验，要能从喷油嘴喷出雾状油液方可使用。

序号	名称	件数	材料	备注
21	油杯1.5	1		GB/T 1154—1989
20	调节塞	2	Q235	
19	弹簧	2	QSi3-1	
18	封油圈22×14	2	工业用革	
17	球托	2	Q235	
16	钢球Φ5	2		GB/T 308—2002
15	单向阀体	2	45	
14	螺塞Z3/8″	1	Q235	
13	垫片	1	塑料纸	
12	垫片	1	塑料纸	
11	螺钉M6×16	1		GB/T 67—2016
10	衬盖	7	HT200	
9	键5×5×20	1	GCr15	GB/T 1096—2003
8	凸轮	1	GCr15	
7	滚动轴承6202	2		GB/T 276—2013
6	衬套	1	HT200	
5	轴	1	40Cr	
4	柱塞	1	GCr15	
3	弹簧	1	QSi3-1	
2	泵套	1	45	
1	泵体	1	HT200	

柱塞泵	比例	
	件数	
制图		
审核		

9.5 读微调机构装配图，拆画反光镜座外套1的零件图。

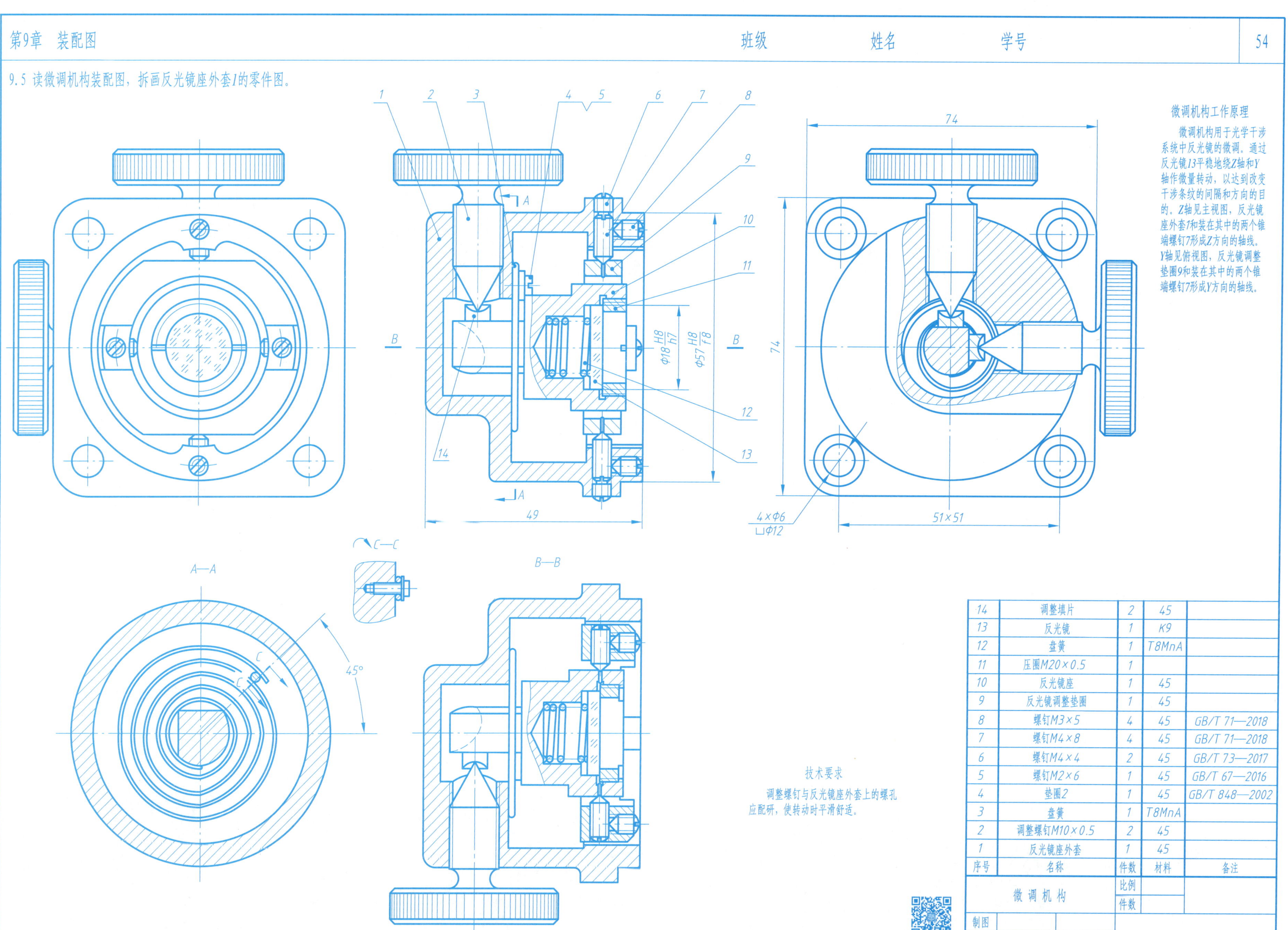

微调机构工作原理

微调机构用于光学干涉系统中反光镜的微调。通过反光镜13平稳地绕Z轴和Y轴作微量转动，以达到改变干涉条纹的间隔和方向的目的。Z轴见主视图，反光镜座外套1和装在其中的两个锥端螺钉7形成Z方向的轴线。Y轴见俯视图，反光镜调整垫圈9和装在其中的两个锥端螺钉7形成Y方向的轴线。

技术要求

调整螺钉与反光镜座外套上的螺孔应配研，使转动时平滑舒适。

序号	名称	件数	材料	备注
14	调整填片	2	45	
13	反光镜	1	K9	
12	盘簧	1	T8MnA	
11	压圈M20×0.5	1		
10	反光镜座	1	45	
9	反光镜调整垫圈	1	45	
8	螺钉M3×5	4	45	GB/T 71—2018
7	螺钉M4×8	4	45	GB/T 71—2018
6	螺钉M4×4	2	45	GB/T 73—2017
5	螺钉M2×6	1	45	GB/T 67—2016
4	垫圈2	1	45	GB/T 848—2002
3	盘簧	1	T8MnA	
2	调整螺钉M10×0.5	2	45	
1	反光镜座外套	1	45	

微调机构	比例	
	件数	
制图		
审核		

郑重声明